I0786056

Du même auteur
Aux Editions du Crec
- Métapolis
- Le Centrisme du XXI° siècle
- Le Centre et le Centrisme – de la Révolution à Macron
- Le Juste Equilibre
- Nous changerons le monde en respectant nos enfants
- Sans information citoyenne pas de vraie démocratie

Aux Editions Syros
- Le Capitalisme Vert
- Santé et Economie
- La Distribution (coauteur)
- Les Idées Reçues en Economie (codirection & coauteur)
- La Construction Européenne (supervision)

Aux Editions La Découverte
- Etat de la France (collaboration)
- Dix ans d'Etat du Monde (collaboration)

Aux Editions Pétrelle
- Les Fonds de Pension Européen (supervision)

Aux Editions Dylic
- Sois ta propre Aventure
- Le Vrai Dieu

Alexandre Vatimbella

Le Centrisme Américain

Des Pères fondateurs
à Barack Obama & Hillary Clinton

CREC
Centre de Recherche et d'Etude du Centrisme
15, rue Nélaton – 75015 Paris
lecentrisme.com

Introduction

Il existe peu de littérature sur le Centre et le Centrisme en général, encore moins sur le Centre et le Centrisme aux Etats-Unis que ce soit en anglais ou en français. Cela est d'autant plus étonnant que les termes «centre», «centrisme» et «centriste» sont souvent mentionnés dans les médias écrits ou audiovisuels américains. Ils sont également souvent utilisés par les politistes et les politologues ainsi que par le personnel politique. Et ce n'est guère étonnant puisque, depuis toujours ou, tout au moins, depuis le milieu du XIX° siècle, il y existe un courant centriste reconnu, des centristes et des politiques centristes assumés dans le paysage politique étasunien. Sans même parler du modérantisme bipartisan qui est une caractéristique de la politique américaine depuis l'indépendance du pays.

Ce Centre américain s'incarne souvent dans les termes tels que «modération», «consensus», «compromis», «bipartisan», tout ce qui est présenté comme une politique au centre, mais pas seulement car également dans ceux d'«équilibre», de «juste équilibre humaniste» qui définissent plus précisément le Centrisme. De même, les termes «centrisme radical» (Radical centrism) ou «milieu radical» (Radical middle) définissent parfois un centrisme américain au positionnement plus «européen», même si la distinction entre centrisme américain et celui du vieux continent prête à discussion (certains politologues conservateurs, par exemple, qualifient Richard Nixon de «centrist» et Barack Obama de «radical centrist» alors que le premier est essentiellement un homme politique de droite et le deuxième un vrai centriste...). Mais la confusion existe toutefois partout avec cette manie de certains médias autour du monde à qualifier de centre-droit ce qui n'est que de la droite modérée (ou non-extrémiste...) et à faire de même à gauche pour la qualification de centre-gauche.

Avec un régime présidentiel comme celui qui a cours aux Etats-Unis (même si le but des Pères fondateurs n'était pas forcément de donner un pouvoir plus important au chef de l'Etat fédéral), l'incarnation d'une politique s'est faite essentiellement, et dès le premier président élu, par l'hôte de la Maison blanche. En ce qui concerne le Centre, elle se fait par des personnalités politiques aussi importantes que les présidents républicains Abraham Lincoln ou Théodore Roosevelt et démocrates Bill Clinton ou Barack Obama.

Le choix entre deux centristes pour occuper la Maison blanche s'est même déjà présenté plusieurs fois au cours de l'histoire américaine et notamment lors des deux présidentielles avec Barack Obama du côté du Parti démocrate et John McCain (2008) puis Mitt Romney (2012) du côté du Parti républicain même si leurs positionnements centristes avaient quelques différences avec, d'un côté, un progressiste démocrate et de l'autre deux conservateurs éclairés.

En outre, toute une frange de la société s'estime orpheline d'un système politique où le «compromis» entre les deux grands partis (démocrate et républicain) assurait, selon eux, une coopération pour prendre des mesures «centristes». Depuis des années, des tentatives ont lieu afin de faire revivre cette époque bénie selon ses initiateurs. On peut ainsi parler de «American project» et, plus récemment, du «Centrist project» mené par un jeune homme politique, Nick Troiano, qui se sont dédiés à cette tâche. Le but actuel de ce dernier n'est pas de former un troisième parti hégémonique mais de créer un groupe central d'élus au Congrès qui serait indispensable pour obtenir une majorité et donc gouverner, afin d'obliger les deux grands partis à travailler ensemble.

Pour certains ce passé est largement enjolivé et fantasmé. Car, même s'il y a eu des périodes de «compromis», la politique américaine se caractérise souvent par des oppositions partisanes franches et frontales particulièrement fortes, parfois très agressives, voire violentes. Reste qu'il est vrai qu'il a existé, pendant très longtemps, une aile centriste puissante à la fois au Parti républicain et au Parti démocrate et que, surtout chez les républicains, elle a quasiment disparue – le déclin a commencé lors de la présidence Nixon (1969-1974) et s'est accentuée jusqu'à aujourd'hui –, alors qu'elle s'est maintenue chez les démocrates mais se trouve très contestée depuis l'opposition entre la centriste Hillary Clinton et le socialiste Bernie Sanders lors de la dernière primaire présidentielle du parti en 2016 et qui a abouti à la candidature de la première nommée mais à l'élection du démagogue populiste, Donald Trump.

Dès lors, cet ouvrage se justifie par cette absence d'étude sur le Centrisme américain mais aussi et surtout parce que ce Centrisme est une réalité politique importante aux Etats-Unis. On peut même dire que la création d'une démocratie par les Pères fondateurs de la nation américaine et les rédacteurs de la Constitution se basaient sur une vision centriste de la politique ainsi que sur la volonté – et l'espoir – que le fonctionnement de la république se ferait au centre, surtout dans le modérantisme.

Chapitre 1
Une volonté centriste dès l'origine

La création des Etats-Unis avec l'adoption de trois textes fondamentaux – la Déclaration d'indépendance (1776) puis le Traité de Paris qui reconnaissait cette indépendance (1783) et enfin la Constitution (1787) votée après des débats souvent passionnés, voire houleux, sur ce que devaient être les institutions de ce nouveau pays mais aussi son identité politique –, était une grande première dans le monde.

En effet, le régime adopté par le peuple américain était une nouveauté politique alors que les gouvernements des principaux pays de la planète, en particulier ceux de l'Europe d'où venait alors la presque totalité de la population étasunienne (hors les «natives american», c'est-à-dire les Amérindiens), étaient des monarchies, le plus souvent absolues. Un régime imaginé en grande partie par les fameux «Pères fondateurs» («Founding fathers») de la nation qui regroupaient des politiques dont certains étaient aussi des penseurs, les principaux étant John Adams, Benjamin Franklin, Alexander Hamilton, John Jay, Thomas Jefferson, James Madison et George Washington.

Il s'agissait donc de mettre en place une république démocratique où les maîtres mots étaient ceux de liberté, de sécurité, de stabilité, de consensus, de compromis et de respect des minorités. Ces concepts n'étaient nullement des coquilles vides, bien au contraire, mais définissaient exactement ce qu'avaient recherché les rédacteurs de la Constitution ainsi que tous ceux qui avaient réfléchi à ce que pourrait être un pays gouverné par son peuple en ce XVIII° siècle des Lumières mais aussi auparavant, depuis les philosophes grecs.

Ces hommes étaient des propriétaires et venaient essentiellement des classes sociales aisées de ce nouveau pays mais pas seulement. Et il y avait des membres de familles riches tout autant que des hommes d'origine modeste qui avaient réussi à faire fortune. Ils avaient lutté contre un roi et un régime autoritaire et ils ne souhaitaient pas en instaurer un nouveau même s'ils estimaient que la sécurité de leurs personnes et de leurs biens auraient été, sans doute, mieux préservés par un régime monarchique et avec une oligarchie dirigeante.

Dès lors, ils décidèrent que les Etats-Unis devaient être une république, un pays de liberté mais que celle-ci devait être encadrée afin que ce ne soit jamais une majorité, quelle qu'elle soit, qui impose ses règles et ses désidératas à une minorité qui serait opprimée. Ainsi, les Pères fondateurs attachèrent énormément d'importance aux droits de la minorité qui ne devaient pas être bafoués. Pour eux, la meilleure façon de protéger ceux-ci étaient de créer un gouvernement calqué sur celui que proposait Montesquieu – lui aussi critique sur le pouvoir de la majorité et ses possibles débordements – dans «L'Esprit des Lois», c'est-à-dire un gouvernement avec une séparation stricte des pouvoirs qui se feraient, en quelque sorte, concurrence. Un gouvernement qui devrait pratiquer la modération et qui ne devrait jamais tomber dans les mains de populistes ou de démagogues.

Ce gouvernement serait donc divisé en trois branches (exécutive, législative, judiciaire), totalement indépendantes les unes des autres, qui se surveilleraient l'une, l'autre, qui partageraient les pouvoirs régaliens et qui pourraient se bloquer l'une, l'autre afin d'empêcher l'une d'entre elles de pouvoir dominer les autres et de devenir liberticide. Les Pères fondateurs préféraient un gouvernement bloqué plutôt qu'un pouvoir autoritaire même s'il était issu d'une majorité électorale. On a appelé ce système celui des «checks and balances» (que l'on peut traduire approximativement par «contrôles et contrepoids»), issu directement des visions du philosophe britannique John Locke et du modèle précité de Montesquieu.

Plus largement, comme l'explique un des plus importants politologues américains, Richard Hofstadter, «ce que les Pères Fondateurs voulaient était connu comme un 'gouvernement équilibré', une idée aussi vieille qu'Aristote et Polybe. Cette ancienne conception avait connu une nouvelle jeunesse au XVIII° siècle, qui était dominé intellectuellement par le travail scientifique de Newton, dans lequel les métaphores mécaniques venaient naturellement à l'esprit des hommes comme les métaphores biologiques dans l'atmosphère darwinienne de la fin du XIX° siècle. Les hommes avaient trouvé un ordre rationnel dans l'univers et ils espéraient pouvoir le transférer à la politique ou, comme John Adams le disait, que les gouvernements pourraient 'être érigés sur les principes simples de la nature'. Madison parlait dans un langage newtonien qu'un tel gouvernement 'naturel' devait être construit 'pour que ses différentes parties constituantes soient, dans leurs relations mutuelles, chacune cantonnée à sa place par l'action des autres'. Une telle architecture, croyaient les Pères Fondateurs, permettrait le contrôle d'un intérêt par un autre, d'une classe par une autre, d'une faction par une autre, et une branche du gouvernement par une autre dans un système harmonieux de mutuelle frustration».

Ce que les Pères fondateurs n'avaient pas prévu, ce serait la prééminence acquise par le président sur les parlementaires et les juges. Ainsi, le système devint présidentiel alors qu'il était sensé être plutôt parlementaire. Même s'il faut tempérer cette vision un peu caricaturale (le président américain à moins de pouvoir que le président français de la V° République alors même que le régime de la France n'est pas qualifié de présidentiel stricto sensu), l'élection d'un homme au suffrage universel devait naturellement donner cette primauté, même si, rappelons-le, ce dernier est élu par un collège électoral, c'est-à-dire dans une élection à deux niveaux qui devait empêcher qu'un aventurier du style Trump ne parvienne au pouvoir... En réalité, les membres du collège électoral, tout anti-démocratique que soit ce dernier, ont toujours respecté le mandat des électeurs en votant pour le candidat qu'ils représentent (alors qu'ils ne sont pas obligés de le faire) ce qui permet, comme ils sont désignés dans chaque Etat, de nommer un président qui a obtenu moins de voix que ses adversaires (Donald Trump a ainsi eu trois millions de votes de moins qu'Hillary Clinton lors de la présidentielle de 2016). Ainsi sur l'élection présidentielle, ce système d'élection indirect a montré toute sa perversion en permettant, à la fois, d'élire un populiste démagogue qui aurait du théoriquement toujours être recalé par le collège électoral selon les Pères fondateurs, et qui a obtenu le moins de voix, provoquant un déni de démocratie absolu. Il y eut, trois autres précédents, en 2000 avec l'élection de George W Bush face à Al Gore et en 1876, celle de Rutheford Hayes face à Samuel Tilden mais aussi, et les commentateurs l'oublient souvent sans que l'on sache pourquoi, celle de Benjamin Harrison face Grover Cleveland en 1888. A chaque fois, ce déni démocratique qui n'a touché bizarrement que des candidats démocrates, eut des conséquences très lourdes (comme la guerre d'Irak de 2003 et la crise économique de 2008 avec Bush et l'abandon de la politique anti-raciste mise en place dans le Sud après la Guerre de sécession), sauf peut-être pour la présidence d'Harrison. Ajoutons, néanmoins, que sans l'aide des parlementaires et des juges, le pouvoir du président des Etats-Unis est plutôt limité dans nombre de domaines importants, le blocage des parlementaires républicains de la présidence du démocrate Obama a montré cette réalité jusqu'à la caricature.

Ce rappel historique n'est pas sans lien avec notre propos. Si un Centre, voire un Centrisme, se sont développés aux Etats-Unis (1), c'est à partir de cette vision politique où il vaut mieux trouver un consensus et faire des compromis, avoir un gouvernement (regroupant exécutif, législatif, il ne faut pas l'oublier, et judiciaire puisque les neufs membres de la Cour suprême sont nommés par le pouvoir politique) équilibré et «bipartisan» c'est-à-dire qui gouverne avec modération en prenant en compte tous les points de vue que l'on retrouve ensuite dans les décisions prises, que d'être en conflit permanent avec une majorité qui ne s'intéresse pas à la minorité sauf à l'opprimer avec à sa tête des individus qui pratiqueraient un populisme débridé et une démagogie dangereuse.

Cela ne signifie pas, bien sûr, que depuis 1783, les Etats-Unis ont été gouvernés au centre, encore moins par le Centre. Il y a eu des gouvernements très clivants, on pense notamment à celui de George W Bush de 2001 à 2008 mais aussi à celui de Franklin Roosevelt de 1933 à 1945, sans parler, bien entendu, celui de Donald Trump depuis le début 2017. Le pays n'a pas pu, non plus, échapper au populisme et à la démagogie, que ce soit avec Andrew Jackson élu en 1828 et encore Trump. Néanmoins, cette idée bipartisane a irrigué l'ensemble du système politique américain comme un idéal à atteindre afin que la démocratie républicaine soit apaisée et capable de contenter tous ses membres. C'est d'ailleurs sur cet idéal que se sont construits le centre et le centrisme américains.

Note de ce chapitre:

(1) Ce centrisme américain né dès l'indépendance du pays, vient directement de la volonté des Pères fondateurs de la nation américaine d'éviter qu'une faction puisse s'emparer du pouvoir. Le but avoué de leur construction de ce système politique était qu'il valait mieux qu'il se bloque s'il n'y avait pas de consensus et de compromis entre les différents bords plutôt que de permettre à l'un d'entre eux de gouverner comme il l'entendait. Comme l'explique le grand politologue Richard Hofstadter, «en réalité, l'image que les Pères fondateurs avaient d'eux-mêmes, de républicains modérés au milieu d'extrémismes politiques était assez juste».
Cela produit, en temps d'extrême polarisation, le blocage que l'on a connu ces dernières années entre le président démocrate Barack Obama et la majorité républicaine à la Chambre des représentants qui a abouti à ce fameux «shutdown» en 2013, la fermeture de l'administration, faute des autorisations de dépenses votées par les représentants. Mais cela a également produit nombre de législation au cours de l'histoire américaine qui ont trouvé de larges majorités ou des majorités grâce à des votes venus de modérés de chaque bord et qui ont fait avancer le pays.
Car ce système politique mis en place par les Pères fondateurs ne peut réellement fonctionner correctement qu'au centre, en tout cas pas sans une coopération bipartisane minimum. Les blocages qu'il induit lorsqu'une des parties du pouvoir (Président, Congrès avec Chambre des représentants et Sénat) ne veut pas participer au consensus ont été sciemment voulus par les auteurs de la Constitution qui préféraient encore un Etat fédéral bloqué plutôt que le gouvernement d'une faction contre une autre tellement ils se méfiaient des travers de la démocratie.
Ainsi, la radicalisation du Parti républicain avec une aile de droite extrême empêche depuis vingt ans un fonctionnement normal des institutions au mépris même de l'esprit de

la Constitution et de la pensée des Pères fondateurs auxquels pourtant les membres radicaux de cette formation font constamment référence pour légitimer leur comportement extrémiste.

Et l'actuelle polarisation de la vie politique voulue essentiellement par cette aile du parti qui vit pourtant dans ses rangs deux des plus illustres centristes du pays, Abraham Lincoln et Theodore Roosevelt, risque de bloquer le système politique pendant longtemps même si les retours de balancier sont fréquents aux Etats-Unis ainsi que l'oubli de polarisations passées qui, pourtant, ont été fort nombreuses. Ainsi, au XX° siècle, elles ont touché les présidences de Franklin Roosevelt, d'Harry Truman, de Richard Nixon et de Jimmy Carter avant de quasiment s'institutionnaliser au cours du premier mandat de Ronald Reagan.

Chapitre 2
Le tropisme centriste

Comme dans toutes les démocraties du monde, le gouvernement au centre a été souvent la règle aux Etats-Unis. Mais plus encore qu'ailleurs car il a été imposé, comme nous l'avons vu au chapitre précédent, par la Constitution et les Pères Fondateurs de la nation américaine qui se méfiaient avant tout du règne des factions et de la dictature de la majorité mais aussi d'aventuriers populistes et démagogues. Dès lors, le système américain a été bâti pour favoriser le consensus et un pouvoir agissant de manière modérée et bipartisane – afin de trouver des compromis – associant autant que faire se peut les deux grands partis qui ont dominé la scène politique américaine depuis l'indépendance du pays (même si les whigs originels ont été remplacés par les républicains qui ont fondé leur parti en 1854).

C'est tellement vrai que le premier président des Etats-Unis et héros de l'indépendance, George Washington, s'est fait un devoir de tenir les factions opposées à distance, voulant gouverner pour tout le monde et de manière modérée, c'est-à-dire au centre. Dès lors, créant un précédent en la matière, il fut imité par nombre de ses successeurs. Tout comme pour celui de la règle de deux mandats présidentiels maximum, uniquement transgressée par un Franklin Roosevelt à une période particulièrement troublée du monde, la Grande dépression puis la Deuxième guerre mondiale, et qui est devenue, après cette épisode, une disposition législative.

Cela ne signifie pas, évidemment, que tous étaient des centristes mais qu'ils voyaient dans un juste milieu, une modération et le compromis, les clés indispensables de la bonne gouvernance du pays. Si l'on veut vraiment dénombrer les présidents à qui l'on peut adjoindre l'étiquette centriste, ils sont nettement moins nombreux. On ne trouvera pas plus de quatre vrais centristes.

Le premier, le républicain Abraham Lincoln, fut président de 1861 à 1865. Même si son centrisme prête parfois à discussion pour certains politistes, son positionnement centriste réel et même assumé sans détour. Come le rappelle l'historien Daniel Walker Howe dans son livre «Why Abraham Lincoln Was a Whig» (pourquoi Lincoln était un libéral), «Homme politique pragmatique, Lincoln définissait lui-même ses positionnements comme centristes».

Un centrisme par ailleurs, confirmé par le fait que deux présidents centristes, Theodore Roosevelt et Barack Obama, en ont fait leur modèle. Justement, le deuxième fut le républicain Theodore Roosevelt (1901-1908). Ensuite on trouve les démocrates Bill Clinton (1993-2000) et Barack Obama (2009-2016). Ces quatre là furent d'authentiques centristes.

Mais on pourrait leur rajouter Woodrow Wilson (démocrate, président de 1913 à 1920), surtout Dwight Eisenhower (républicain, président de 1953 à 1960), Lyndon Johnson (démocrate, président de 1963 à 1968) et Jimmy Carter (démocrate, président de 1977 à 1980). Des hommes comme John Kennedy (démocrate, président de 1961 à 1963), George H Bush (républicain, président de 1989 à 1992) sont également proches d'un gouvernement au centre.

Bien entendu, le centrisme américain trouve également son existence au Congrès (Chambre des représentants et Sénat), dans les Etats avec les gouverneurs et dans les villes avec les maires. A ce titre, on peut citer comme centristes contemporains des personnalités comme Michael Bloomberg (maire de New York de 2004 à 2013), Arnold Schwarzenegger (gouverneur de Californie de 2004 à 2010) ou Mario Cuomo (gouverneur actuel de l'Etat de New York). Sans oublier évidemment Hillary Clinton, femme de Bill Clinton, ancienne sénatrice de New York (2001-2009), ancienne secrétaire d'Etat de Barack Obama (2009-2013) et candidate malheureuse du parti démocrate pour la présidentielle de 2016.

Comme dans tous les pays du monde, le Centre a aux Etats-Unis, non seulement, ses détracteurs mais également ses négationnistes qui estiment qu'il n'existe pas. A périodes répétées, est également publié son acte de décès, comme après la défaite d'Hillary Clinton face à Donald Trump. Pour autant, il est toujours là, vivant et souvent gagnant même s'il n'échappe pas à la polarisation que l'on connait dans cette deuxième décennie du XXI° siècle. Ainsi, en 2017, les premières élections après la victoire de Trump ont, à nouveau, été favorables aux démocrates, notamment à ceux ayant un positionnement au centre.

Chapitre 3
La sensibilité centriste aux Etats-Unis

Le plus célèbre des philosophes américains, Ralph Waldo Emerson (1803-1882), chef de file du mouvement transcendantaliste, disait lors d'une conférence à Boston en 1841 sur le conservatisme que celui-ci et le réformisme sont «Chacun une bonne moitié, mais un tout impossible. Chacun expose les abus de l'autre, mais dans une vraie société, dans un vrai homme, tous les deux doivent se combiner.»

Une étude réalisée en août 2013 pour le magazine Esquire et la chaîne de télévision NBC intitulée le «nouveau centre américain» a fait beaucoup de bruit aux Etats-Unis lors de sa publication, certains commentateurs estimant ses résultats discutables. Dans un contexte où la polarisation des deux principaux partis prend une ampleur jamais vue depuis les années 1990, elle relevait que 51% des Américains étaient centristes (1). Basée sur l'analyse des réponses à un sondage, elle affirmait qu'une majorité des électeurs souhaitait un gouvernement modéré et des élus capables de travailler ensemble. En outre, l'étude révélait que ces électeurs se positionnant au centre avaient une tendance à être plutôt conservateurs sur l'action de l'Etat fédéral (souhaitant sa limitation) et plutôt libéraux sur les questions de mœurs et de société. De son côté, un sondage de l'institut Gallup également de 2013 indiquait que 60% des Américains souhaitaient la création d'un troisième parti entre les républicains et les démocrates, c'est-à-dire positionné au centre et ce parce qu'ils estimaient que les deux grandes formations s'étaient déportées respectivement vers la droite et vers la gauche.

Certaines personnalités, au cours de l'histoire des Etats-Unis, ont souvent revendiqué le positionnement au centre de l'échiquier politique. Ces dernières années, les principales vont des deux Clinton (Bill & Hillary) à Barack Obama en passant par Michael Bloomberg, Arnold Schwarzenegger ou Mario Cuomo, c'est-à-dire tant des démocrates que des républicains. Mais, paradoxalement, alors que, dans les années 1970, 30% des élus du Congrès (représentants et sénateurs) étaient considérés comme des centristes sur la base de leurs votes, avant les élections de midterm (c'est-à-dire entre deux élections présidentielles), en 2014, ce pourcentage oscillait seulement entre 5% et 8%... Et la plupart de ceux qui se trouvent actuellement au centre sont des démocrates, les rares centristes républicains ayant jeté l'éponge pour une grande majorité d'entre eux dans les dix dernières années comme la sénatrice du Maine Olympia Snowe ou le représentant de l'Ohio Steven LaTourette, du fait du déplacement du curseur idéologique du Parti républicain vers la droite parfois radicale voire extrême, notamment sous l'influence du Tea Party, ce mouvement fait de multiples organisations les une plus populistes (au sens français), démagogiques, réactionnaires et même racistes que les autres. D'autres, comme l'ancien maire de New York, Michael Bloomberg, ont préféré devenir des «independents» (appellation qui regroupe tous ceux qui ne se reconnaissent ni démocrate, ni républicain ou dans le positionnement actuel des deux grands partis mais aussi tous ceux qui s'estiment centristes, d'où parfois des études sans queue, ni tête sur une soi-disant ligne politique commune de ce magma hétéroclite provoquant des contresens qui ont ensuite la vie dure!) pour ne pas à avoir à cautionner les politiques très à droite des républicains.

Il faut noter, de plus, qu'en se radicalisant à droite, les républicains ont tenté – et parfois réussi – à décrire (et à faire en sorte que les médias avalisent ce tour de passe-passe) les démocrates comme de dangereux socialistes, même ceux qui étaient des modérés. Un ouvrage, «It's Even Worse Than It Looks: How the American Constitutional System Collided With the New Politics of Extremism» («C'est encore pire que cela en à l'air: Comment le système constitutionnel américain s'est fracassé sur les nouvelles politiques extrémistes») écrit par un politologue républicain modéré, Norman Ornstein, en collaboration avec un politologue démocrate modéré Thomas Mann, a dénoncé cette manipulation qui veut qu'en ayant déplacé de manière fallacieuse le curseur de la droite vers l'extrême-droite, les républicains aient voulu déplacé le centre à droite afin de faire croire, dans le même temps, à la gauchisation du Parti démocrate. Pour Ornstein, le Parti républicain n'est plus conservateur mais radical: «il ne rejette pas seulement Franklin Roosevelt mais aussi Théodore Roosevelt».

Mais, paradoxe du paradoxe énoncé ci-dessus, le président des Etats-Unis élu en 2008 et réélu dans un fauteuil en 2012 s'est toujours considéré comme un centriste et a agi, la plupart du temps, comme tel, affirmant dès sa première intervention publique qui fit du bruit à la convention démocrate de 2004 qu'il n'y avait pas d'Etats républicains ou d'Etats démocrates mais que des Américains, sur le modèle d'une déclaration originelle de Thomas Jefferson, expliquant ainsi qu'il fallait, non seulement, travailler avec tout le monde mais travailler pour tout le monde en trouvant le plus de consensus possible dans la gouvernance du pays.

Sans oublier que la favorite du scrutin de 2016 était une centriste. Hillary Clinton s'est, en effet, toujours considérée comme une centriste à l'instar de son mari, président centriste de 1993 à 2000. Et même si elle a perdu face à Trump à cause du système électoral américain, elle a remporté le vote populaire avec trois millions de voix d'avance, démontrant que le Centre était loin d'être moribond aux Etats-Unis, malgré la montée réelle du populisme démagogique et les sombres prédictions de certains «pundits» (terme par lequel on désigne des sortes d'intellectuels dont le discours a de l'importance dans les milieux politiques et qui peuvent être également des conseillers de personnalités politiques).

Même si, actuellement, il est difficile de faire sienne l'affirmation du sociologue Alan Wolfe faite en 1999 au temps de la présidence de Bill Clinton comme quoi «la Droite a gagné la guerre économique, la Gauche a gagné la guerre culturelle et le Centre a gagné la guerre politique», on ne peut pas prétendre que les centristes ont disparu. Ils se trouvent certainement plus en difficulté qu'il y a vingt ans mais leur message est encore entendu et séduit nombre d'électeurs comme le confirme toutes les élections.

Autre bizarrerie américaine: s'il existe tant de centristes réels ou potentiels, si des présidents américains centriste ont été élus, d'Abraham Lincoln à Barack Obama en passant par Theodore

Roosevelt et Bill Clinton, il n'y a pas, en revanche, de parti centriste! (2) Ou, plutôt, il y a, comme The Centrist Party, et il y a eu de nombreux petits partis centristes qui n'ont jamais pesé grand chose que ce soit électoralement parlant et sur le débat politique, se cantonnant à prêcher pour quelques centaines de membres et de sympathisants, voire pour tenter de lancer la carrière politique de leurs créateurs qui en étaient quasiment les seuls membres...

De même, à périodes répétées, des appels à la création d'un «Third party» (Troisième parti) situé au centre de l'échiquier politique, entre le Parti démocrate et le Parti républicain, sont lancés par des personnalités de la politique, des médias, du monde des affaires et de l'entreprise. Des appels similaires à une candidature centriste (qui ne soit ni républicaine, ni démocrate) pour les présidentielles, voient le jour un à deux ans avant l'élection avec la création de comités chargés de la mettre sur pied. Mais pratiquement toujours cela ne dépasse guère ce stade malgré la volonté de beaucoup d'Américains de voir un tel parti émerger ou une telle candidature se concrétiser.

En tout cas cela ne suffit pas à créer un vaste mouvement d'adhésion de la population et le soufflet retombe bien vite sauf exception comme ce fut le cas avec les progressistes au début du XX° siècle et leur figure de prou, l'ancien président républicain Theodore Roosevelt qui néanmoins ne put pas se faire réélire en 1912 sous sa nouvelle étiquette politique et son nouveau programme «New nationalism» (le nouveau nationalisme) après avoir quitté le pouvoir quatre ans plus tôt alors qu'il aurait pu se représenter (élu une seule fois mais président depuis sept années du fait de l'assassinat du président McKinley en 1901) et qu'il aurait certainement été réélu triomphalement.

Pourtant, il existe bien une tradition centriste américaine basée sur le consensus et le compromis ainsi que la volonté de gouverner le plus possible de manière «bipartisane», c'est-à-dire en associant les deux grands partis aux grandes décisions et aux grandes réformes, que ce soit au Congrès entre démocrates et républicains mais également entre le Congrès et le Président, s'ils ne sont pas du même bord politique, ce qui s'est souvent produit au cours de l'histoire du pays.

Une tradition qui a évolué, comme dans les autres démocraties du monde, pour aboutir à une véritable politique centriste, au Centrisme. Comme l'explique John Avlon dans son ouvrage «Independent Nation – How centrists can change american politics» (Nation «independent», Comment les centristes peuvent changer la politique américaine) publié en 2004, «Le American Heritage Dictionnary définit le Centrisme comme 'une philosophie politique qui rejette les positions extrémistes de droite et de gauche en prenant une position modérée.' Mais le Centrisme est beaucoup plus qu'une collection d'actions modérées au juste milieu. C'est une philosophie politique avec des principes avec un corpus de stratégies politiques et une histoire singulière. Le Centrisme est la manière la plus efficace de remplir les missions classiques de la politique: la réconciliation pacifique des intérêts divergents. Les puristes extrémistes et idéologues de chaque côté du spectre politique condamnent le compromis. Mais l'inflexibilité crée le blocage ou condamne une cause à n'avoir aucune pertinence. L'idéalisme sans le réalisme est impuissant. Le réalisme sans l'idéalisme est vide. En balançant efficacement l'idéalisme et le réalisme, le Centrisme offre à la fois une vision de gouvernement et une stratégie à succès pour gagner des élections.»

Notes de ce chapitre:

(1) Il faut noter qu'il n'y a pas en général, dans les sondages, une identification «centriste». Les personnes interrogées ont le choix entre se définir comme «republican», «democrat» ou «independent». Ce dernier qualificatif est peu précis. Les personnes se disant «independent» sont celles qui ne se disent affiliées à aucun parti. Du coup, pendant longtemps, les analystes les ont classées entre les démocrates et les républicains, dans une sorte d'espace au centre mal défini. Cependant, il y a des «independents» qui sont plus à droite que la droite républicaine et des «independents» qui sont plus à gauche que la gauche démocrate! Et il y a des républicains ou des démocrates qui sont des modérés, proches des centristes, voire des centristes

eux-mêmes. Sans oublier que nombre d'«independents» sont effectivement centristes... Toujours est-il que le courant centriste, avec des hauts et des bas, a toujours imprégné la vie politique américaine.

(2) S'il n'y a jamais eu de parti centriste puissant aux Etats-Unis, le Centre y a néanmoins toujours existé depuis l'indépendance du pays. En fait, il se trouve dans chacun des deux grands partis, aujourd'hui le Parti démocrate et le Parti républicain même si, dans ce XXI° siècle débutant, la grande majorité des centristes sont au Parti démocrate depuis le tournant très à droite du Parti républicain à la fin des années 1990 et aux débuts des années 2000. Mais comment oublier que ce dernier a compté dans ses rangs parmi les plus grands présidents et les plus grands centristes: Abraham Lincoln, Theodore Roosevelt et même Dwight Eisenhower, mésestimé par les historiens.

Chapitre 4
L'histoire du Centrisme américain
De Washington à Obama,
les présidents et le Centre

Dans un pays à régime présidentiel comme les Etats-Unis, ce sont les présidents qui ont, le plus souvent, imprégné la coloration partisane de la politique suivie pendant leur mandat et parfois au-delà. Il est donc naturel, en tout cas, plus approprié d'étudier les ères centristes par le biais des différentes présidences qu'en choisissant comme critère principal les différentes législatures du Congrès (Chambre des représentants et Sénat) même s'il est évident que ce dernier a parfois joué un rôle central dans la politique d'une époque et son orientation, même d'ailleurs contre l'hôte d'alors de la Maison blanche. Car on ne le redira jamais assez, pour mettre en œuvre son programme, un président américain a besoin du

Congrès. Si celui-ci est hostile et vote des lois contraire à ce que l'hôte de la Maison blanche souhaite, ce dernier peut, bien entendu, opposer son véto (qui ne peut être levé qu'avec une majorité des deux tiers des représentants et des sénateurs) mais son agir politique est alors dans la réaction et non l'action.

Si beaucoup de présidents américains ont gouverné au centre, moins nombreux sont ceux qui ont été du Centre. Dans la première catégorie, on peut citer George Washington, Thomas Jefferson (républicain démocrate), John Adams (fédéraliste), James Madison (républicain démocrate), Woodrow Wilson (démocrate), Dwight Eisenhower (républicain), Harry Truman (démocrate), John Kennedy (démocrate), Jimmy Carter (démocrate), voire Lyndon Johnson (démocrate) et même Richard Nixon (républicain) dans le sens où ce dernier essaya bien d'imprégner l'Amérique de valeurs très conservatrices mais que, dans le même temps, il ne remit pas en cause l'héritage des avancées sociales et des droits civiques du New Deal de Franklin Roosevelt et de la Great Society de Lyndon Johnson. Cette remise en cause sera l'apanage de deux présidents républicains dans les années 1980 et 2000, Ronald Reagan (pourtant ancien démocrate «rooseveltien»...) puis George W Bush, alors que le père de ce dernier, George H Bush, fut un républicain plutôt centriste. Dans cette liste, on peut ressortir comme étant plus proche du Centre, Madison,

Eisenhower, Kennedy et Carter. Dans la deuxième catégorie, celle que nous allons étudiée de manière plus approfondie au chapitre suivant, on trouve Abraham Lincoln (républicain), Theodore Roosevelt (républicain), Bill Clinton (démocrate) et Barack Obama (démocrate). Ceux-ci ont eu un véritable «agenda» centriste.

Comme nous l'avons vu aux chapitres précédents, il existe et a existé aux Etats-Unis plusieurs partis centristes qui n'ont jamais rassemblés que quelques militants et séduits que peu d'électeurs. En revanche, il existe une sensibilité centriste depuis l'indépendance, à la fois, tant au niveau des politiques que de la population qui trouve sa traduction depuis toujours, avec néanmoins des hauts et des bas, dans les deux grands partis traditionnels, aujourd'hui représentés par le Parti démocrate et le Parti républicain.

Le modérantisme des Pères fondateurs

Dès les premières années de l'indépendance du pays, chez les présidents américains, on note une tendance à gouverner au centre, comme c'est le cas avec George Washington (sans étiquette), le héros de la Guerre d'indépendance et premier président des Etats-Unis (1789-1796) qui expliquait qu'il n'était ni d'une faction, ni de l'autre: «je n'étais moi-même d'aucun parti et le premier souhait de mon cœur était que si les partis existaient, de les réconcilier entre eux». Le fédéraliste John Adams (deuxième président, 1797-1800), disait qu'«il n'y a rien que je redoute le plus qu'une division de la république en deux grands partis, chacun sous la domination de son leader et mettant en avant des mesures en opposition l'un à l'autre. Ceci, en mon humble appréhension, est ce qui doit être redouté comme le mal politique le plus grand dans notre Constitution». Néanmoins, on peut le cataloguer comme un conservateur.

Quant au républicain démocrate Thomas Jefferson (troisième président, 1801-1808), il déclarait: «je n'ai jamais soumis l'ensemble de mon système de pensée à la croyance de quelque faction que ce soit en matière de religion, de philosophie, de politique ou de toute chose là où j'étais capable de penser par moi-même. Une telle addiction est la dernière dégradation d'un état moral et libre. Si je ne pouvais monter au ciel qu'avec un parti, je ne voudrais pas y aller du tout». En outre, un de ses aphorismes les plus célèbres était «même opportunité pour tous; privilège spécial pour aucun». Toutes ces déclarations montrent bien la préoccupation modérantiste de ces premiers présidents de gouverner le plus possible au centre.

De son côté, le républicain démocrate James Madison (quatrième président, 1809-1816), affirmait, dans le même sens, «j'ai toujours cherché un terrain d'entente». Le quatrième président des Etats-Unis est également connu comme un des rédacteurs des «Federalist papers», des articles publiés dans les journaux et qui précisaient la pensée des pères de la Constitution dont il est considéré comme le principal. Ainsi que l'expliquait un des délégués à l'assemblée constituante William Pierce, «Tout le monde reconnait sa grandeur. Sur chaque grande question, il prenait le leadership. Il était toujours l'homme le plus informé à n'importe quel stade du débat». En outre, il fit adopter le fameux «Bill of Rights», ces dix premiers amendements à la Constitution qui définissent les droits des citoyens afin de réparer un fâcheux oubli lors de la rédaction de la loi suprême du pays. Pour certains, il fut un homme politique qui changea souvent de positions alors que pour d'autres, il était, avant tout, un pragmatiste.

Le républicain démocrate James Monroe (cinquième président, 1817-1824) qui lui succéda est connu pour son honnêteté et pour avoir agi de manière bipartisane (et, surtout, pour sa doctrine qui voulait faire du continent américain un sanctuaire interdit aux puissances européennes). Quant aux présidents suivants, on considère le républicain démocrate John Quincy Adams (sixième président, 1825-1828) comme un conservateur. De son côté, le démocrate Andrew Jackson (septième président, 1829-1836) est vu comme un populiste mais aussi comme celui qui élargit la démocratie américaine (et qui réclama, vainement, la disparition du collège électoral qui élit le président dans un scrutin à deux niveaux, celui qui a fait élire Trump en 2016 alors qu'il avait trois millions de voix de moins qu'Hillary Clinton...) mais qui fut un ennemi des tribus indiennes et un propriétaire assumé d'esclaves. Son successeur, le démocrate Martin Van Buren (huitième président, 1837-1840) a continué peu ou prou la politique de Jackson dont il avait été le vice-président mais il est surtout connu pour avoir été un grand avocat de l'abolition de l'esclavage, ce qui lui coûta, en partie, sa réélection.

Le whig William Harrison (neuvième président, 1841), mourut d'une pneumonie dix jours après sa prise de fonction et fut remplacé par le whig John Tyler (dixième président, 1841-1844) dont la présidence n'a pas laissé un grand souvenir et est largement critiquée par les historiens pour son inefficacité. Le démocrate James Polk (onzième président, 1845-1848) est vu de manière diamétralement opposée. Croyant en la «Destinée manifeste» des Etats-Unis, il est le premier président d'un pays unifié de la côte Est la côte Ouest. En outre, au cours de son mandat, les pouvoirs du président se sont nettement renforcés. Il est vu par les historiens comme un président important et Harry Truman disait de lui que c'était «un grand président qui a fait ce qu'il avait dit qu'il ferait», une qualité, en effet, pas assez répandue en politique...

Le whig Zacchary Taylor (douzième président, 1849-1850) ne gouverna qu'un peu plus d'un an et mourut d'une sorte de dysenterie. Son passage au pouvoir n'a guère laissé de trace et il fut remplacé par son vice-président, le whig Millard Fillmore (treizième président, 1850-1852), un médiocre selon les historiens et dont la responsabilité dans le déclenchement de la Guerre de sécession est engagée. Il fut le dernier président whig, parti qui périclita par la suite et fut remplacé en 1854 par le Parti républicain. Son successeur, le démocrate Franklin Pierce (quatorzième président, 1853-1856), ne fit pas mieux et est considéré comme un des pires présidents américains qui faillit à empêcher la survenance de la Guerre de sécession. Son biographe, Roy Nichols, dit de lui, qu'il «fut un accident en tant que leader politique»… Et l'historien Eric Forner enfonce le clou en affirmant que son «mandat fut l'un des plus désastreux de toute l'Histoire américaine». Le démocrate James Buchanan (quinzième président, 1857-1860), ne fit pas mieux non plus et n'a pas une place plus envieuse que Pierce. Il faut noter, néanmoins, à leur décharge que ces hommes politiques qui manquaient d'envergure, gouvernèrent pendant que le pays s'enfonçait dans la pire crise de sa courte histoire alors qu'il aurait fallu à ce moment-là des hommes avec une vision autrement plus large pour espérer l'en sortir, des hommes d'Etat.

Abraham Lincoln, le premier centriste

Le courant centriste trouve son premier héros en la personne du républicain Abraham Lincoln (seizième président, 1861-1865), l'homme qui participa à la fondation du Parti républicain et sortit vainqueur de la Guerre de sécession (Civil war pour les Américains), cette terrible guerre civile qui fit plus de 600.000 morts. Mais s'il est vénéré aux Etats-Unis, c'est autant pour sa décision d'abolir l'esclavage que pour avoir été le défenseur, contre vents et marées, du système démocratique. Car, même s'il reste dans l'imagerie populaire comme avant tout le père de l'émancipation des noirs, beaucoup d'historiens insistent d'abord sur cet aspect de son héritage. A l'époque, seuls les Etats-Unis étaient une démocratie et Lincoln voyait dans la menace sécessionniste, la possible disparition sur terre de tout régime démocratique.

L'assassinat de Lincoln, le 14 avril 1865, peu de temps après qu'il ait entamé son second mandat et que la Guerre de sécession parvienne enfin à son terme, fut sans aucun doute un drame pour le pays à double titre. En effet, sa politique centriste qui s'était manifestée, à la fois, dans une volonté de ne pas considérer le Sud comme un territoire conquis mais comme des Etats qui revenaient dans le giron des Etats-Unis et qui devaient être traités avec équité et avec une politique ouverte certes aux capitalistes mais attentive à l'«égalité des opportunités» de chacun fut balayée par les excès de toutes parts lors de la «Reconstruction» et du Gilded age». Cet «Age d'or» de l'économie américaine que l'on aurait pu appeler, avec plus de justesse, le «Greed age», l'âge de la cupidité ou de la prévarication, a vu l'enrichissement indécent de certains – la fortune d'un John Rockefeller équivaudrait aujourd'hui à 340 milliards de dollars soit plus que les fortunes réunies de Bill Gates, Jeff Bezos, Warren Buffet, Mark Zuckerberg, Larry Ellison, les cinq plus grosses fortunes de 2017 (autour de 320 milliards de dollars)! –, le tout dans une corruption généralisée des élites. On vit alors toutes les forces réactionnaires, notamment les politiciens du Sud mais aussi une grande partie de la population de ces Etats, ne pas accepter l'abolition de l'esclavage, toutes les forces corrompues, comme ces aventuriers du Nord qui allèrent chercher fortune dans le Sud en prenant comme alibi de venir aider les noirs et comme les capitalistes un peu partout qui bâtirent des empires et des trusts le plus souvent avec malhonnêteté, agir et imprimer un mouvement au pays qui commença à s'atténuer au début du XX° siècle et la présidence de Theodore Roosevelt.

Il faut noter qu'une des conséquences de l'absence d'une politique centriste comme l'avait imaginée Lincoln, fit que la ségrégation des noirs succéda à leur esclavage et ne put être brisée qu'après la Deuxième guerre mondiale dans les Etats du Sud mais aussi dans beaucoup d'endroits dans le Nord grâce au mouvement des droits civiques sans pour autant que l'on voit malheureusement, en ce XXI° siècle, la disparition totale d'une ségrégation, certes non plus légale (encore que certaines lois électorales votées par les républicains dans certains Etats ont pour but d'empêcher les minorités et surtout les noirs de pouvoir exercer leur droit de vote) mais dans les faits.

Le vice-président, le républicain Andrew Johnson (dix-septième président, 1865-1868) qui succéda à Abraham Lincoln assassiné ne fut aucunement à la hauteur de son prédécesseur, bien au contraire. Il ne réussit même pas à appliquer les principes politiques de celui-ci. Même si des tentatives de réhabilitation ont eu lieu au début du XX° siècle, Johnson est vu aujourd'hui comme un politicien qui favorisa le Sud au détriment des droits de la communauté noire, refusant d'agir pour que celle-ci acquiert les droits qui allaient avec son émancipation. Il ne parvint pas à gouverner avec les modérés et tenta de diaboliser les «Radical republicans» (républicains radicaux), appelés ainsi parce qu'ils voulaient agir en faveur des noirs pour qu'ils obtiennent une égalité parfaite. Il échappa de peu à une procédure d'«impeachment» (destitution) à une voix près au Sénat après que la Chambre des représentants ait voté pour. Pour beaucoup d'historiens, il est à ranger avec les prédécesseurs de Lincoln, tels Buchanan ou Pierce (voir ci-dessus) même s'il peut avoir les mêmes excuses d'avoir gouverné à une période où il aurait fallu des leaders de beaucoup plus grande qualité et d'envergure. Un des drames des Etats-Unis est sans aucun doute le fait que les successeurs de Lincoln, sauf peut-être Grant, ne furent pas à la hauteur de la tâche qui était devant eux et que seul ce dernier aurait été capable de relever …

Le républicain Ulysses Grant (dix-huitième président, 1869-1876), est controversé même si les dernières biographies, dont la plus récente parue en 2017 et écrite par le grand historien Ron Chernow, le réhabilite grandement en tant qu'homme, général et président. A l'époque de sa présidence, il était adulé. Puis vint la disgrâce, essentiellement parce que son passage à la Maison blanche coïncida avec de nombreux scandales de corruption, notamment parmi ses proches. Mais Grant, tous les historiens sont d'accord sur ce point, était d'une honnêteté irréprochable. En revanche, sa fidélité envers sa famille et ses proches, l'ont amené à faire confiance à de nombreux escrocs pour lesquels il a toujours gardé confiance contre vents et marées. Reste que son bilan est aujourd'hui vu comme tout à fait positif et qu'il fut un vrai défenseur de la démocratie mais aussi des Indiens et surtout des noirs. Non seulement il en appointa de nombreux dans son Administration mais il fut un adversaire acharné du Ku Klux Klan qui venait de se créer et qui assassinait de nombreux noirs mais aussi des blancs qui les soutenaient dans le Sud pour créer une atmosphère de guerre civile (il réussit à éradiquer ce mouvement qui revint ensuite après la Première guerre mondiale et qui existe toujours) sans pour autant se détourner de la réconciliation avec les anciens Etats confédérés, ce qui demeurait une priorité selon lui. Ce qui fait dire en 2017 à Bill Clinton, président centriste de 1993 à 2001, «Alors que les Américains continuent la lutte pour défendre la justice et l'égalité à notre époque tumultueuse et de division, nous devons savoir ce que Grant a fait lorsque l'existence même de notre pays était en jeu. Si nous croyons encore que nous pouvons former une meilleure union, son exemple obstiné et courageux a plus de valeur que jamais».

Le républicain Rutheford Hayes (dix-neuvième président, 1877-1880) possède le triste privilège d'avoir négocié sa présidence contre la fin de la Reconstruction dans le Sud ce qui mit fin prématurément à la poursuite d'une citoyenneté réelle pour la communauté noire dans ces Etats. Même si certains estiment que les moyens de l'Etat fédéral ne permettaient pas la poursuite de cette politique. Son élection avait été particulièrement serrée et entachée de larges fraudes, tant du côté du Parti républicain que du Parti démocrate et avaient donné deux vainqueurs potentiels, Hayes et le démocrate Samuel Tilden, gouverneur de

New York. Si le républicain fut finalement choisi, il fut toujours considéré par une partie des démocrates comme illégitime. Le républicain James Garfield (vingtième président, 1881) ne fut président que pendant quelques mois puisqu'il fut assassiné en juillet de son intronisation. Il fut remplacé par son vice-président, le républicain Chester Arthur (vingt-et-unième président, 1881-1884) qui ne fit pas énormément de choses mais fit ce qu'il avait promis et, surtout, fut honnête, ce qui, en cette période de corruption généralisée, faisait déjà de sa présidence une réussite!

Le démocrate Grover Cleveland (vingt-deuxième président puis vingt-quatrième président, 1885-1888 puis 1893-1896) est le premier démocrate élu président après la Guerre de sécession et le seul président à avoir servi pendant deux mandats qui ne se suivaient pas (mais remporta trois fois le vote populaire en 1884, en 1888 où il fut battu par Harrison et en 1892). Si le premier fut une grande réussite, le deuxième se déroula sous une crise économique et des problèmes sociaux qu'il ne sut résoudre. Conservateur, notamment en matière fiscale et pro-business, il faisait partie de ce que l'on a appelé les «Bourbons democrats» qui prônaient le progressisme en même temps que le laisser-faire et avaient une approche assez libertarienne. Surtout, il était honnête alors que les «machines» des deux grands partis ne l'étaient plus depuis longtemps. Cette caractéristique lui permit d'être soutenu par des républicains fatigués de la corruption de leur parti et qui de sont fait appeler les «Mugwumps» (qui désigne en langage Algonquin des personnes d'importance ou des chefs de guerre) ou les «goo-goo» (de «good government», bien gouverner). Le républicain Benjamin Harrison (vingt-troisième président, 1889-1892) qui gouverna entre les deux mandats de Cleveland le fit au centre avec la volonté de mieux contrôler les grandes entreprises et de sécuriser les droits civiques de la communauté noire. S'il échoua dans cette dernière, en revanche, grâce à l'adoption du «Sherman act», les Etats-Unis se dotaient enfin d'une législation anti-trust qui est toujours en vigueur aujourd'hui.

Le républicain William McKinley (vingt-cinquième président, 1897-1901) annonce une nouvelle ère de la politique américaine appelée par les historiens comme le «Fourth party system» (le quatrième système de parti) avec une période de domination républicaine qui dura jusqu'en 1932 et l'arrivée au pouvoir de Franklin Roosevelt (avec néanmoins un épisode démocrate suite à l'élection de Woodrow Wilson, surtout due à la désunion des républicains en 1913). Quant à la présidence de McKinley elle est surtout rythmée par un interventionnisme extérieur et militaire qui aboutira à la guerre contre l'Espagne en 1898 qui actera l'indépendance de Cuba mais aussi les premières colonies américaines, notamment les Philippines. A côté de sa politique impérialiste, il fut également un protectionniste. Il fut assassiné six mois après le début de son second mandat et laissa la place à son vice-président, Theodore Roosevelt, que les caciques du Parti républicain avaient mis à cette fonction afin d'être sûrs qu'il ne gouverne jamais réellement parce qu'il n'avait aucune sympathie pour les riches corrompus qui étaient ceux qui finançaient le parti et les principaux bénéficiaires de sa politique…

Theodore Roosevelt, dans les pas de Lincoln

Le deuxième héros du Centrisme américain est le républicain Théodore Roosevelt (vingt-sixième président, 1901-1908). Il mit ses pas dans ceux d'Abraham Lincoln. Membre du Parti républicain, de conservateur modéré, il évolua vers un positionnement centriste, défendant la liberté mais aussi la solidarité et le droit des citoyens au moment où les grandes entreprises tentaient de mettre la main sur l'économie américaine en formant des «trusts». Il tenta même, après deux mandats (mais élu une seule fois) et un intermède de quatre ans, de revenir au pouvoir avec un programme, le «square deal» (le contrat équitable), considéré par ses opposants comme un programme «socialiste», mais qui était en réalité un programme centriste qui ressemble beaucoup à celui que Barack Obama a proposé aux Américains en 2008. Notons que Théodore Roosevelt fut le premier à proposer une assurance santé pour l'ensemble de la population mais que son projet échoua.

Le successeur de Theodore Roosevelt fut son vice-président, le républicain William Taft (vingt-septième président, 1909-1912). Il avait promis au président sortant de continuer sa politique et certains historiens estiment qu'il fut assez fidèle à cette promesse. Mais ce ne fut pas du tout l'opinion de Roosevelt, bien au contraire, qui se sentit trahi et commença un travail de sape et de critique qui aboutit, in fine, à sa candidature sous le drapeau du Parti progressiste à l'élection de 1912. Même s'il échoua (terminant troisième mais étant encore à ce jour le candidat d'un «troisième parti» ayant obtenu le plus de voix en pourcentage), il fit également battre Taft qui fut remplacé par le démocrate Woodrow Wilson (vingt-huitième président, 1913-1920).

Considéré par les historiens comme un des meilleurs présidents, Wilson était un progressiste dans la veine de Theodore Roosevelt qui passa de nombreuses législations comme un renforcement de la loi anti-trust, la mise en place d'une commission pour assurer la concurrence et des mesures pour moderniser l'agriculture, grâce à un Congrès qui était dominé par son parti. La plate-forme de sa seconde campagne présidentielle victorieuse (il est le premier démocrate depuis Jackson à avoir servi pendent deux mandats) contenait un certain nombre de réformes progressistes comme un salaire minimum, un temps de travail maximum et une assurance chômage, des mesures pour assurer la santé et la sécurité des ouvriers. Elle prévoyait également l'interdiction du travail des enfants. Une loi fut effectivement votée en 1916 mais déclarée inconstitutionnelle en 1918 par une Cour suprême connue alors pour son conservatisme borné et au nom de la soi-disant liberté de contracter... Une autre loi fut votée en décembre 1918 mais retoquée une nouvelle fois par les juges de Washington. Il fallut attendre une autre loi en 1938 et, surtout, le changement de position de la Cour Suprême (avec une décision de 1941) pour que les défenseurs des enfants obtiennent enfin gain de cause.

Woodrow Wilson est surtout connu à l'étranger pour l'engagement de son pays dans la Première guerre mondiale comme allié de la France et du Royaume Uni, ce qui permit à ceux-ci de sortir victorieux du conflit. Son célèbre plan de paix qui créait la Société des nations et tentait de ne pas stigmatiser outre mesure les perdants, notamment l'Allemagne, fut recalé par les parlementaires américains ce qui engendra une ère d'isolement des Etats-Unis sur le plan international. Ajoutons qu'il était pour le vote des femmes mais ne put faire passer une loi en ce sens. L'ère de la prohibition débuta pendant la dernière année de son mandat même s'il était contre et avait tenté en vain d'y opposer son véto. S'il est considéré comme un homme de centre-gauche, après avoir été un conservateur libéral dans la veine de Grover Cleveland, sa position sur la communauté noire américaine était celle d'un homme du Sud (il était le premier président depuis 1848 à être sudiste). Sous sa présidence, la ségrégation connue un essor, en partie grâce à lui, et le mouvement des droits civiques régressa dangereusement. Cette tâche indélébile sur sa présidence n'empêche pas qu'il gouverna très souvent au centre et est un des présidents les plus proches du Centre à défaut d'en être comme Lincoln, Theodore Roosevelt, Clinton et Obama.

La présidence de Wilson fut suivie par l'ère de la «Normalité» avec trois des pires présidents des Etats-Unis, tous trois républicains, tous trois pro-business et adeptes du laisser-faire dont la politique conduisit à la Grande dépression de 1929 (comme celle de George W Bush conduisit la Grande récession de 2007). Elle fut caractérisée par les scandales et la corruption de la présidence du républicain Warren Harding (vingt-neuvième président, 1921-1923), le slogan du républicain Calvin Coolidge (trentième président, 1923-1928), «The business of America is Business» (l'affaire de l'Amérique ce sont les affaires) et la théorie du «Rugged individualism» (farouche individualisme) du républicain Herbert Hoover (trente-et-unième président, 1929-1932) dans lequel il reprenait les thèses du darwinisme social du britannique Herbert Spencer où l'individu est le seul à devoir s'occuper de lui-même et où seuls les meilleurs sont récompensés. Même après le début de la Grande dépression, Hoover, incapable de prendre la mesure de ce qui survenait mais aussi d'intervenir pour renverser l'ordre des choses – à l'inverse de Barack Obama en 2009 – déclarait encore et toujours sa foi dans le laisser-faire et prétendait que seul un marché libre sans aucune intervention des pouvoirs publics ramènerait la prospérité…

Pour tenter de sauver les Etats-Unis d'une crise profonde, les Américains choisirent le démocrate Franklin Roosevelt (trente-deuxième président, 1933-1945). Si, aujourd'hui, pour beaucoup, sa présidence de quatre mandats successifs (qui aboutit au vote d'une loi interdisant plus de deux mandats, auparavant il ne s'agissait que d'une tradition remontant à Washington) penche nettement à gauche, c'était néanmoins et avant tout un pragmatiste qui cherchait une solution qui marche selon ses propres propos. Ses «100 premiers jours» et son «New deal» étaient plus une expérimentation grandeur nature qu'une réelle politique structurée même si son orientation était à l'intervention de l'Etat fédéral et à la mise en route de grands travaux dirigés par ce dernier. Il faut dire que le laisser-faire intégral prôné par le Parti républicain avait montré son inaptitude à régler la crise… De même, si Roosevelt fut entouré de socialistes et même de communistes, il ne fut jamais l'un d'eux. Il demeura toujours un défenseur de la libre entreprise et du libre marché tout en voulant corriger leurs excès et les inégalités criantes qu'ils créaient.

Considéré comme un des meilleurs présidents (la plupart des historiens le mettent en seconde position derrière Lincoln), il a également été le vainqueur de la Deuxième guerre mondiale. C'est d'ailleurs la survenance de celle-ci et non le New Deal qui fut la véritable cause de la sortie de la Grande dépression même s'il est bon ton aujourd'hui de dire de manière inexacte que les mesures de Roosevelt ne servirent à rien. Beaucoup de celles-ci ont en effet transformé les Etats-Unis et le rôle des pouvoirs publics dans le pays.

Au cours de la seconde partie du XX° siècle plusieurs présidents «modérés» gouverneront au centre de l'échiquier politique. Ce fut le cas du démocrate Harry Truman (trente-troisième président, 1945-1953), vice-président de Roosevelt et son successeur à la mort de celui-ci au cours de la première année de son quatrième mandat. Mais il ne put jamais réellement mettre ses convictions politiques en avant tellement il était tributaire de l'héritage de Roosevelt. Son programme baptisé le «Fair deal» était calqué sur le «New deal» de Roosevelt et se voulait la continuation de ce qu'avait accompli ce dernier lors de sa présidence.

Le républicain Dwight Eisenhower (trente-quatrième président, 1953-1961) peut être considéré comme un centriste même si l'appellation de modéré est plus juste. Pour bien se rendre compte de sa position centrale qu'il a toujours revendiquée, il faut préciser que le Parti démocrate lui avait également proposé d'être son candidat avant qu'il ne tranche pour le Parti républicain. Il était sûrement un homme du juste milieu. Il a exprimé cet engagement dans un gouvernement situé au centre à de nombreuses reprises et dans plusieurs déclarations comme «je méprise les gens qui vont dans le caniveau que ce soit à droite ou à gauche et lance violemment des pierres à ceux qui sont au centre». Ou encore: «le milieu de la route est toute la surface utile. Les extrêmes, droite et gauche, sont dans les caniveaux».

Son successeur, le démocrate John Kennedy (trente-cinquième président, 1961-1963) se positionna également au centre avec une vision économique et fiscale très conservatrice et une vision culturelle beaucoup plus «liberal». Il expliquait que «les opposés extrêmes se ressemblent. Chacun croit que nous n'avons que deux choix: apaisement ou guerre, suicide ou reddition, humiliation ou holocauste, Rouge ou mort».

Le cas du démocrate Lyndon Johnson (trente-sixième président, 1963-1969) est un sujet de discussion sans fin. Pour certains politologues, il fut, dans les années soixante, avec sa «Great society» (Grande société) un centriste social, positionné au centre-gauche, qui entrepris de grandes réformes pour redistribuer équitablement le produit de la croissance américaine en cette époque de bien-être, dont les résultats concrets surpassent, pour l'historienne Doris Kearns Goodwin ceux du New Deal de Franklin Roosevelt. En outre, dans les années 1950, lorsque Johnson était le chef de la majorité démocrate au Sénat et face à un président républicain (Eisenhower), il joua souvent le jeu bipartisan. Mais, pour d'autres, il est l'homme de la guerre du Vietnam, de l'engagement américain dans ce conflit dont le pays sorti, non pas vaincu militairement mais moralement.

Le très controversé républicain Richard Nixon (trente-septième président, 1969-1974), est considéré par certains commentateurs de droite comme un centriste. C'est sans doute largement excessif mais on peut dire qu'il pouvait avoir parfois une culture bipartisane, une politique au centre avec quelques réserves toutefois (il expliquait ainsi qu'une primaire se gagne à droite et qu'une présidentielle se gagne au centre, stratégie que l'on peut considérer comme de pur opportunisme), car ce dernier ne remit absolument pas en cause, malgré sa vision très à droite de la société américaine, le consensus social issu de la Deuxième guerre mondiale et du «New Deal» (nouveau contrat) de Roosevelt, ni même de la «Great society» de son prédécesseur.

Après sa démission juste avant d'être le premier président déchu («impeached») suite à l'affaire du Watergate, il fut remplacé par son nouveau vice-président, Gérald Ford (trente-huitième président, 1974-1976) – l'ancien, Spiro Agnew, ayant du démissionné peu de temps auparavant pour cause d'évasion fiscale et de corruption – qui est considéré comme un conservateur modéré par certains, d'autres estimant qu'il n'avait pas grand-chose de modéré... Quoi qu'il en soit, sa présidence n'eut que peu d'impact sur la vie politique américaine et il fut battu lors de la présidentielle de 1976 par le candidat démocrate, Jimmy Carter.

Le recentrage du parti démocrate et la dérive droitière du parti républicain à partir des années Nixon vont faire basculer petit à petit le Centre d'un parti à l'autre. En abandonnant les «dixies democrats» (les démocrates du Sud, très à droite mais allergiques alors aux républicains qu'ils associaient à Lincoln, donc au vainqueur du Sud lors de la Guerre de sécession) récupérés par les républicains, les démocrates tournaient le dos à leur frange de droite extrême. Dans le même temps, après les années soixante et le début des années soixante-dix où l'on avait vu, notamment, la candidature à la présidence de George Mc Govern, un démocrate socialiste, la gauche du parti démocrate perdait de son influence au profit des réalistes et des centristes.

Ce fut le cas avec Jimmy Carter (démocrate et trente-neuvième président, 1977-1981) venu du Sud et qui se positionnait lui-même comme un «liberal» au niveau des mœurs et un conservateur au niveau économique: «sur les droits de l'homme, les droits civiques et la qualité de l'environnement, je me considère comme très 'liberal'. Sur la gouvernance, sur l'ouverture du gouvernement, sur le renforcement des libertés individuelles et des niveaux locaux de pouvoir, je me considère comme un conservateur. Et je ne vois pas en quoi ces deux attitudes sont incompatibles».

Apprécié au début de son mandat, Carter – qui permit à Israël et à l'Egypte de conclure un accord de paix historique lors des négociations de Camp David où se rencontrèrent Anouar El Sadate, le président égyptien et le premier ministre israélien, Menahem Begin – perdit de son crédit auprès des électeurs en grande partie par son indécision lors de la crise des otages de l'ambassade américaine de Téhéran pendant la révolution iranienne déclenchée par Khomeiny.

Longtemps en tête dans les sondages, il perdit largement face au républicain Ronald Reagan (quarantième président, 1981-1989) à l'idéologie extrémiste – il avait été un soutien du candidat républicain d'extrême-droite, le sénateur de l'Arizona, Barry Goldwater, à la présidentielle de 1964, écrasé par Johnson qui avait remporté 61,1% des suffrages – et qui procéda à une petite révolution conservatrice en matière sociétale et ultralibérale (sur le modèle de Margaret Thatcher au Royaume Uni) en matière économique. Reste que tout un mythe entoure Reagan, ancien co-médien de second plan (et président démocrate du syndicat des acteurs...) puis gouverneur de la Californie, qui lui a permis d'être très populaire lors de sa présidence et d'être encore très appré-cié par le peuple américain qui semble lui donner crédit d'avoir rétabli l'image écornée du pays après la guerre du Vietnam, le Watergate et les atermoiements de Carter.

C'est son vice-président, le républicain George H. Bush (quarante-et-unième président, 1989-1992) qui lui succéda et continua sa politique avec, tout de même, une forte inclinaison à la modération.

Bill Clinton, centriste moderne

Le long intermède républicain avec Ronald Rea-gan et George H Bush marqué très à droite mal-gré une tendance pragmatiste du premier et une certaine tendance à gouverner au centre du se-cond, permit au Parti démocrate, relégué dans l'opposition, de faire sa grande mue avec la mon-tée des centristes à l'intérieur du parti. Celle-ci fut caractérisée par la victoire lors des primaires de l'ex-gouverneur de l'Arkansas, Bill Clinton, inconnu alors du grand public, qui devint le quarante-deuxième président lors de sa victoire lors de l'élection présidentielle de 1992 face au sortant, George H Bush, aidé en cela par la candidature de l'«independent».de droite, Ross Perot.

Bill Clinton (démocrate et quarante-deuxième président, 1993-2001) – avec l'aide de sa femme, Hillary, un des slogans de campagne étant qu'en votant pour un Clinton vous en auriez deux qui gouverneraient ensemble à la Maison blanche! – décida de recentrer l'action d'un Parti démocrate qui, sous l'impulsion des mouvements «liberals» des années 1960 et 1970 s'était largement déporté vers son flanc gauche et s'éloignant ainsi du pouvoir. Bill Clinton fut ainsi l'inventeur de la «troisième voie» (Third way) dont s'est inspiré par la suite Tony Blair au Royaume Uni), voie accusée par l'aile gauche du Parti Démocrate d'être trop à droite. Il existe même, depuis, une organisation fondée dans la foulée, «The Third Way» (La Troisième Voie) qui se veut une alternative entre la droite républicaine et la gauche démocrate en tenant un discours à la fois libéral et social. Il mit aussi en place la «triangulation» que son conseiller Dick Morris, initiateur de l'idée, définit de la manière suivante: «Nous étions enfermés dans un conflit très stérile entre le programme de gauche et le programme de droite. (...) Et je sentais que ce que nous devions faire c'était de prendre vraiment le meilleur du programme de chaque parti, et d'en arriver à une solution quelque part au-dessus des positions de chaque parti. (...) Se débarrasser des foutaises de chaque opinion, auxquelles les gens ne croient pas; prendre le meilleur de chaque position et monter vers une troisième voie. Et cela devient un triangle, ce qui est une triangulation.»

Alors que le Parti démocrate faisait un pas vers le Centre, le Parti républicain, lui, continuait de se radicaliser à droite, voire à l'extrême-droite sous la pression de mouvements religieux fondamentalistes mais aussi de fanatiques qui haïssent le «Big government» (gouvernement qui représente selon ses pourfendeurs un interventionnisme étatique quel qu'il soit) de Washington et qui ne veulent pas payer d'impôts et sont même prêts à des actions violentes (un certain nombre d'entre eux font partie de milices armées prêtes à en découdre). Du coup, au cours des vingt dernières années, une grande partie des modérés républicains a disparu.

La victoire de George W Bush (républicain, 2001-2008) a radicalisé un petit peu plus la politique aux Etats-Unis. Le «virage à droite» que le pays a semblé prendre entre 1980 et 1988 puis entre 2000 et 2008 a obligé le Parti démocrate à se positionner beaucoup plus au centre de l'échiquier politique, voire au centre-droit. C'est là que l'on a vu l'émergence de démocrates conservateurs que l'on appelle les «Blue dogs». Ils ont été élus, pour la grande majorité d'entre eux, dans des circonscriptions à majorité républicaine et ont souvent adopté des positions iconoclastes par rapport à la majorité du parti.

Barack Obama, héritier de Lincoln et Roosevelt

La victoire de Barack Obama (démocrate, 2009-2016) – à la fois admirateur de John Kennedy et de Ronald Reagan mais dont le modèle est Abraham Lincoln! – à la présidentielle de 2008, au-delà de l'événement historique de l'élection du premier Noir à la tête de la première puissance mondiale, consacre aussi la victoire d'un homme qui s'est toujours défini comme centriste. De son entrée en fonction le 20 janvier 2009 à son départ en janvier 2017, le quarante-quatrième président n'a cessé de mettre en œuvre des mesures centristes et une vision de la gouvernance centriste, au grand dam de la gauche du Parti démocrate et à la grande fureur des républicains dont l'obsession était de le faire perdre en novembre 2012 lors de la présidentielle pour en faire un «one-term president», ce qu'ils n'ont pas réussi. En revanche, ils ont réussi à bloquer dès qu'ils le pouvaient les institutions et le bon fonctionnement du gouvernement. De même, ils se sont opposés à pratiquement toutes les initiatives de Barack Obama afin de l'empêcher de gouverner normalement, ce qui a valu au Parti républicain le sobriquet de «Parti du non» («No party»).

En 2016 s'est déroulé un nouveau scrutin afin d'élire le quarante-cinquième président des Etats-Unis qui semble avoir remis en question une ère centriste que l'on annonçait longue au vu de l'évolution de l'électorat mais aussi de la composition d'une population, toujours plus citadine et toujours moins «blanche» plus encline à voter majoritairement pour les Démocrates. Rappelons ici que les statistiques américaines considèrent que la population du pays est constituée de plusieurs «races» – nous, nous dirions ethnies –, qui sont, principalement, les «Blancs», les «Noirs» ou, dans l'appellation actuelle les «Afro-américains», les «Latinos» ou «Hispaniques», les Amérindiens ou, dans l'appellation actuelle les «Natives American» et les Américains asiatiques.

Contre toute attente, en effet, la favorite et centriste Hillary Clinton, ancienne sénatrice de New York et secrétaire d'Etat de Barack Obama, sans oublier femme de l'ancien président Bill Clinton, a été battue par le populiste démagogue, le républicain Donald Trump (quarante-cinquième président, 2017-?). Cette élection présidentielle a réservé une énorme surprise encore plus grande que furent la réélection de Harry Truman en 1948, l'élection de Jimmy Carter en 1976 mais aussi de celles de Bill Clinton en 1992, de George W Bush en 2000, sans oublier celle de

Barack Obama en 2008, soit les quatre derniers présidents élus si l'on compte Trump!

Chapitre 5
Les différents centrismes américains

L'espace centriste recouvre aux Etats-Unis, comme dans la plupart des pays, plusieurs réalités. Il y a d'abord celle de l'humanisme démocratique d'Abraham Lincoln basé sur la défense de la démocratie et de l'être humain avant tout. On trouve ensuite celle du «Progressivism» (progressisme) inventé à la fin du XIX° siècle et au début du XX° siècle qui voulait concilier capitalisme et progrès social et dont Théodore Roosevelt se réclama. Puis, il y a celle de la «Third Way»(«troisième voie») créée dans sa forme centriste par Bill Clinton et dont un des principes d'action politique consiste dans la «triangulation». Il y a celle du «Post-partisanship» («post-partisan») mis en avant par Barack Obama lors de sa campagne électorale de 2008 mais qui fut également défendue par le maire de New York,

Michael Bloomberg, et le gouverneur de Californie, Arnold Schwarzenegger. Enfin, il y a celle, plus commune, de la voie modérée du juste milieu qui consiste soit à prendre la meilleure décision qu'elle vienne de gauche ou de droite ou de se poser à équidistance des deux propositions, celle de droite et celle de gauche, ce qu'on appelle en France être «au centre» et que le penseur politique Cass Sunstein présente comme une sorte d'«opportunisme constructif». Ce modérantisme a souvent été pratiqué et nombre de présidents pourraient s'y rattacher. Ainsi, dans le seul livre étasunien consacré uniquement au Centre écrit par John P. Avlon, «Independent Nation», celui-ci se fait l'apôtre de ce courant qui cherche le consensus et le compromis ainsi qu'à gouverner de manière «mainstream». Si, comme en Europe, on ne peut estimer que ce modérantisme est un centrisme stricto sensu, il participe néanmoins d'un mouvement qui met en avant les préoccupations centristes. Dans ce mouvement Avlon met ainsi sur le même plan un Theodore Roosevelt, un Richard Nixon, un Dwight Eisenhower et un Bill Clinton de manière beaucoup trop superficielle. De manière pus controversée il estime que l'on peut ranger certains populistes comme l'ancien gouverneur du Minnesota, Jesse Ventura et des opportunistes très à droite comme l'ancien maire de New York et conseiller de Donald Trump, Rudolph Giuliani, dans le rang des centristes…

– 1 –
Le Centrisme de l'humanisme démocratique

Principaux représentants: Thomas Jefferson, James Madison, Abraham Lincoln

L'humanisme démocratique peut être défini comme une pensée politique s'appuyant sur l'individu et une volonté de défendre et bâtir une démocratie républicaine où sont garanties les libertés notamment celle d'entreprendre dans l'égalité d'opportunité et mise en avant la méritocratie. Son principal représentant est Abraham Lincoln.

Abraham Lincoln, président issu du Parti républicain, formation nouvelle venue à l'époque dans le paysage politique américain, est connu pour cette sentence qu'aucun centriste digne de ce nom ne renierait: «Les républicains sont à la fois pour l'homme et le dollar. Mais en cas de conflit, c'est l'homme avant le dollar». De même, il estimait que «l'objet légitime d'un gouvernement est de faite pour une communauté de gens ce que ceux-ci ont besoin de faire, ne peuvent faire du tout ou pas aussi bien par eux-mêmes dans leurs capacités séparées et individuelles. Dans tout ce qu'ils peuvent faire aussi bien par eux-mêmes, le gouvernement ne doit pas interférer».

Il est ainsi le premier centriste d'envergure dans l'histoire des Etats-Unis même si on a tendance à ne retenir généralement de Lincoln que sa victoire dans la Guerre de sécession (appelée plus sobrement «Civil war», guerre civile, aux Etats-Unis) et l'abrogation de l'esclavage. Mais ce fut également et surtout l'homme qui lutta pour que la démocratie ne disparaisse pas de la planète – à l'époque les Etats-Unis étaient le seul pays où un système démocratique existait – et pour la promotion des individus par la méritocratie, lui-même en étant un des exemples les plus édifiants, et par la possibilité d'améliorer sa condition sociale et économique grâce à son travail et ses capacités (même s'il a eu une certaine tendance à noircir ses années d'enfance et d'adolescence).

Véritable icône américaine, Abraham Lincoln, estimait que l'enrichissement n'était pas une fin en soi mais que la liberté de devenir riche devait être préservée parce qu'elle permettait à tous de pouvoir prétendre à le devenir mais aussi à sortir de la pauvreté. C'est pour cette raison qu'il était un défenseur du régime capitaliste mais avec une vision morale de son fonctionnement qui fut totalement démentie par ses successeurs qui furent les promoteurs d'un capitalisme sauvage et débridé avec les fameux «barons voleurs», jusqu'au début du XX° siècle et de l'arrivée au pouvoir de Theodore Roosevelt.

Quant à sa défense de la démocratie, elle est contenue dans ce qui est sans doute un des discours les plus courts de l'histoire mais son plus célèbre, qu'il fit lors de la commémoration de la bataille de Gettysburg qui fut une boucherie lors de la Guerre de sécession en 1863. Ce discours dédié à tous les morts de cette bataille se terminait par ces mots: le sacrifice de ces hommes «est pour nous de nous consacrer à la grande tache qui demeure devant nous – et devant ces morts que nous honorons – en élevant notre dévotion à cette cause pour laquelle ils ont donné la pleine mesure de leur dévotion; ce que nous affirmons hautement est que ces morts ne sont pas morts en vain; que cette nation, sous la protection de Dieu, renaîtra à la liberté; et que le gouvernement du peuple, par le peuple, pour le peuple, ne disparaîtra pas de la terre.»

Abraham Lincoln sauve les Etats-Unis, surtout, il sauve la démocratie et agit en véritable centriste avec ses deux préoccupations majeures:
- la sauvegarde du système démocratique (avec le fameux discours de Gettysburg);
- la primauté de l'être humain et sa capacité à s'élever socialement par le mérite et par une meilleure situation économique.

De même, il place le rôle du gouvernement dans une perspective dualiste où celui-ci n'est légitime que lorsqu'il s'occupe de ce que chacun ne peut faire individuellement et que seule la collectivité peut réaliser. La postérité de sa pensée et de son action politiques que l'on peut définir comme un «humanisme démocratique» irriguera l'action et la réflexion de plus d'un politique et d'un président. Ainsi, celui-ci sera une référence majeure pour Théodore Roosevelt ou Barack Obama, entre autres. Mais il faut aussi souligner qu'il s'inscrivait dans la droite ligne d'un gouvernement équilibré chère à Washington, Jefferson, Madison et Adams, les Pères fondateurs de la nation américaine.

- 2 –
Le progressisme

Principal représentant: Theodore Roosevelt

Son principal représentant est le président Théodore Roosevelt qui déclarait: «Je suis un homme qui croit avec toute la ferveur et l'intensité dans un progrès modéré. Trop souvent les hommes qui croient en la modération y croient de manière modérée et tiède et laisse la ferveur aux extrémistes des deux côtés – les extrémistes de la réaction et les extrémistes du progrès. Washington, Lincoln sont des hommes qui, dans mon esprit, représentent ce que doit être un large et progressiste leadership».

Selon le politologue Saul Padover qui n'était pourtant pas un de ses grands admirateurs, «Theodore Roosevelt a été le seul président américain du XX° siècle qui a combiné une action dynamique avec un sens réel de la réforme sociale. De ce point de vue, il était plus proche de son jeune cousin, le démocrate Franklin Roosevelt que de n'importe quel de ses successeurs républicains à la Maison blanche ou de tous ses prédécesseurs depuis Lincoln». Pour le philosophe John Dewey, «il a personnifié la cause de la réforme avec le glamour de la virilité et de la vitalité».

Le progressisme se développe à la fin du XIX° siècle et au début du XX° siècle. Il se veut une réponse à la montée en puissance des Etats-Unis grâce à son économie où nombre d'entrepreneurs fondent des empires réalisant leur rêve américain – souvent de manière rude, voire en employant des moyens illégaux ou à la frontière de la loi – mais au détriment de beaucoup d'autres dont tous ceux qui sont laissés sur le bord de la route de la prospérité. Comme l'explique l'historien Yves-Henry Nouailhat, «le mouvement progressiste représenta la première tentative menée sur une très large échelle pour remédier à quelques-unes des injustices les plus flagrantes dont souffrait la société américaine d'alors marquée par une industrialisation et une urbanisation trop rapides: misérables conditions de vie dans les villes, situation lamentables des ouvriers non syndiqués. Les partisans de réformes sociales s'organisèrent assez souvent en associations à l'échelon des Etats ou à l'échelon national». Néanmoins, les progressistes remettaient également en cause le fonctionnement de l'Etat fédéral. Ainsi, toujours selon Nouailhat, le progressisme «représenta aussi une vigoureuse protestation contre la situation scandaleuse où se trouvaient les institutions politiques de beaucoup de villes et d'états: corruption, influence démesurée et abusive des intérêts particuliers, rôle exclusif de politiciens professionnels et souvent véreux. Les progressistes voulurent rétablir un gouvernement représentatif et démocratique».

C'est pourquoi il voulait, en accord avec beaucoup d'Américains, limiter la puissance des grosses sociétés et des grandes industries et, surtout, les liens souvent peu sains qui unissaient les gros intérêts privés et la classe politique où l'on trouvait nombre de politiciens véreux au service de ces intérêts. En tant que tel, le mouvement progressiste connu son apogée de 1900 à 1920, notamment lors de l'élection présidentielle de 1912 où le candidat du Parti progressiste, Théodore Roosevelt, obtint le meilleur score qu'un «troisième candidat» (c'est-à-dire en dehors des deux grands partis) ne réalisa jamais tout en terminant derrière les deux principaux. C'est à cette époque que nombre de citoyens américains se disaient progressistes.

Un mouvement indépendant qui existe toujours et qui a des résurgences plus ou moins importantes tout au long du XX° siècle. Pour autant, à part de 1910 à 1912 où le parti progressiste devint une force politique sous la direction de Théodore Roosevelt et du sénateur du Wisconsin Robert La Follette en regroupant essentiellement l'aile progressiste des républicains en rupture de ban avec leur parti, les progressistes représentèrent plutôt un courant centriste à l'intérieur même des deux grands partis, le Parti républicain et le Parti démocrate.

Il faut noter que, même s'il fut assez fidèle à la ligne très conservatrice du Parti républicain lorsqu'il fut porté à la présidence en 1901, suite à l'assassinat de McKinley par un anarchiste, Théodore Roosevelt savait où il voulait aller et quelle coloration il voulait pour son action. Dès lors, lorsqu'il fut élu triomphalement en 1904, fort de la légitimité populaire, il mit en œuvre une politique progressiste, modérée au départ mais qui imprégna également les mandats de ses successeurs, William Taft (républicain, 1909-1912) et Woodrow Wilson (démocrate 1913-1920).

Ce dernier, tout d'abord démocrate très conservateur, définit le mouvement progressiste en ces termes: «Nous sommes en présence d'une révolution silencieuse par laquelle l'Amérique tente de retrouver les idéaux auxquels elle a toujours cru, et pour se donner un gouvernement dévoué à l'intérêt général et non aux intérêts particuliers». Cette volonté des progressistes de Roosevelt à Wilson, de privilégier l'intérêt de tous au détriment des clientélismes alors très puissants, est une des caractéristiques centristes principales du mouvement.

L'«idéalisme pratique» de Roosevelt voulait également que chacun ait la même chance de réussir qu'un autre et que cette opportunité soit garantie par des règles du jeu équitables mises en œuvre par le gouvernement.

- 3 –
La Troisième voie («Third way»)

Principaux représentants: Bill Clinton, Hillary Clinton, Al Gore

La «Third way» (Troisième voie) est née à la fin des années 1980 et au début des années 1990 au sein du Parti démocrate. Ses principaux représentants sont Bill & Hillary Clinton. Bill Clinton expliquait, lors de sa présidence, que «lorsque nous mettons de côté l'esprit partisan et que nous embrassons les meilleures idées sans regarder d'où elles viennent et que nous travaillons avec le principe de compromis, nous pouvons faire avancer l'Amérique ni à gauche, ni à droite, mais devant». La recherche d'une troisième voie n'est pas une idée originelle de Bill Clinton, des démocrates, ni même américaine ou anglo-saxonne. Sans en faire l'historique, il faut se rappeler des tentatives en France lors de IV° République avec le MRP et sous la V° République avec les centristes de Jean Lecanuet, les radicaux et les socialistes de Gaston Defferre pour s'apercevoir qu'elle a été une préoccupation dans de nombreux pays.

Quant à la «Third way» américaine, il s'agissait, pour ses fondateurs, de moderniser le parti démocrate en le recentrant. Cette initiative partait du constat que les démocrates avaient lentement dérivé vers la gauche de la gauche et que leur positionnement rendait leurs chances de gagner les élections, notamment la présidentielle, essentielle dans le régime politique américain, impossible. Leur motivation avait été renforcée par la débâcle subie par les démocrates lors de l'élection présidentielle de 1984 où leur candidat, Walter Mondale avait été laminé par Ronald Reagan à cause de son positionnement trop à gauche, ce qui faisait parallèle avec une autre défaire cuisante, celle de George McGovern, le candidat démocrate le plus à gauche de l'histoire des Etats-Unis, face à Richard Nixon en 1972.

Ce revers incita un groupe de quatre-vingt démocrates modérés à fonder le Democratic Leadership Council (DLC, le Conseil de direction démocrate) dont le but était, selon un de ses fondateurs, Al From, directeur du DLC de 1985 à 2009, de faire du Centre, «la force politique dominante dans la vie politique américaine. Le premier pas vers ce but est d'en faire la force dominante à l'intérieur du Parti démocrate». Le succès de son entreprise fit dire à Bill Clinton en 2000 que From, en tant que simple citoyen avait eu «l'impact le plus positif sur le progrès de vie des Américains au cours de ces vingt-cinq dernières années».

La Troisième voie est fondamentalement centriste. On serait même tenté de dire que c'est la première véritable initiative centriste dans la politique américaine, plus que l'humanisme démocratique d'Abraham Lincoln, plus que le progressisme de Theodore Roosevelt, même si la volonté de trouver une nouvelle voie entre les extrêmes est identique à celle des progressistes. Comme l'écrit John Avlon dans son livre «Independent nation», Bill Clinton, chef de file de ces rénovateurs à l'orée des années 1990, a mis «le Centrisme sous les projecteurs».

C'est Bill Clinton qui, lors de son élection à la présidence du DLC en 1990 à La Nouvelle Orléans présenta les grandes lignes du programme de la Troisième voie: «Nous croyons que la promesse de l'Amérique réside dans l'égale opportunité et non l'égale condition. Nous croyons que la mission fondamentale du Parti démocrate est d'étendre les «opportunités» (égalités de chance) et non le gouvernement. Nous croyons que la croissance économique est la condition préalable pour étendre les «opportunités» de chacun. L'économie de marché, régulée dans l'intérêt général, est le meilleur moteur pour la prospérité générale. Nous croyons dans la prévention du crime et la punition des criminels, pas dans la recherche d'une explication de leur comportement. Nous croyons que les Etats-Unis doivent maintenir une armée forte et capable qui reflète les importants changements du monde mais qui reconnaît que la chute du communisme ne signifie pas la fin du danger».

En octobre 1991, lors de sa déclaration de candidature à la candidature démocrate pour l'élection présidentielle de 1992, Clinton expliqua «qu'ensemble je crois que nous pouvons établir le leadership qui restaurera le Rêve américain, que nous nous battrons pour la classe moyenne oubliée, que nous apporterons plus d'«opportunités», que nous insisterons pour plus de responsabilité et que nous créerons un plus grand sentiment de communauté pour ce grand pays». Et il indiqua que «le changement que nous devons faire n'est pas 'liberal' ou conservateur. C'est, à la fois, le deux et différent».

Un élément fondamental à la Troisième voie fut ajoutée lors de la présidence de Bill Clinton lorsque celui-ci dut faire face à un Congrès dominé par les républicains à partir de 1994, c'est celui de la «triangulation». Ce terme fut pour la première fois utilisée par le conseiller politique en chef de Bill Clinton lors de la campagne présidentielle de 1996 où ce dernier sollicitait un second mandat. Dick Morris expliquait ainsi que «le président a besoin de prendre une position pas simplement en mélangeant le meilleur des vues de chaque parti mais aussi en les transcendant pour constituer une troisième force dans le débat». Bill Clinton mis en œuvre cette politique avec succès lors de son second mandat de 1997 à 2000 en déclarant notamment, dans son discours sur l'état de l'Union en janvier 1996, que «l'ère du 'Big government' est terminé».

– 4 –

Le Centrisme «post-partisan»

Principaux représentants: Barack Obama, Michael Bloomberg, Arnold Schwarzenegger

Son principal représentant est Barack Obama mais on peut également citer comme personnalités politiques emblématiques, Michael Bloomberg et Arnold Schwarzenegger Peu après l'élection de Barack Obama à la présidence en 2008, ce mot de «post-partisan» est devenu à la mode dans la politique américaine. Mais sa première utilisation date de février 1976 lorsque dans un article du New York Times, Christopher Lydon, parlant d'un électorat «désenchanté» dans cette année électorale qui vit l'affrontement entre Gerald Ford (républicain) et Jimmy Carter (démocrate), pensait que «c'est dans le centre indépendant et fluide que pourrait se former de nouveaux partis, se repositionner les anciens ou prolonger leur érosion dans une nouvelle ère 'post-partisane'». Et peu avant la campagne électorale de 2008, le concept fut remis au goût du jour lors d'une conférence de l'école de communication que l'université de Californie organisa en juin 2007 qui avait pour but «d'explorer les voies afin d'améliorer le dialogue politique et la prise de décision» et à laquelle participait les deux centristes Michael Bloomberg («independent»), alors maire de New York et Arnold Schwarzenegger (républicain), alors gouverneur de Californie.

Certains font remonter l'idée du post-partisan à celle des Pères fondateurs et à une déclaration de Thomas Jefferson en 1801 dans laquelle il affirmait que «nous sommes tous des républicains, nous sommes tous des libéraux» (alors les deux partis politiques dominants). Ainsi, comme nous l'avons vu, les quatre premiers présidents américains voulurent dépasser les clivages politiques et éviter le gouvernement d'une faction contre une autre. Tout ceci montre une certaine filiation centriste et, surtout, revendiquée, entre les Pères fondateurs et Abraham Lincoln, entre

Abraham Lincoln et Theodore Roosevelt et entre Abraham Lincoln et Theodore Roosevelt et Barack Obama.

Toujours est-il que le «post-partisan» indique un positionnement politique au-delà des différences partisanes en les dépassant pour créer une nouvelle dynamique politique dans l'union, que cette dernière soit ponctuelle (création d'une majorité sur un projet, une mesure) ou sur le moyen et long terme. Il y avait déjà bien sûr le mot bipartisan, très utilisé aux Etats-Unis, qui signifie réunir des personnalités des deux bords pour une durée déterminée ou sur un projet spécifique comme une loi ou une vision politique plus large comme ce fut le cas, par exemple, pour la politique étrangère américaine après la deuxième guerre mondiale notamment vis-à-vis de l'Union soviétique. Mais être «post-partisan» c'est être au-delà de cette simple union de circonstance car c'est casser le moule des deux bords opposés par principe.

Selon les commentateurs qui monopolisaient alors les médias américains, ce tour de force aurait pu être atteint pour la première fois par le nouveau président des Etats-Unis, Barack Obama. N'avait-il pas déjà réussi à composer une équipe gouvernementale où se retrouvaient toutes les couleurs de l'échiquier politique? N'avait-il pas un discours réunificateur où tout le monde pouvait se retrouver? N'avait-il pas affirmé que seules les bonnes idées comptent et que peu importe d'où elles viennent? N'y avait-il pas 82% des Américains qui lui faisaient confiance après son élection? Et, en ces temps de doute et de crise où le peuple américain recherchait des repères et des points d'appui, n'était-il pas l'homme providentiel qui allait unir tous les Américains dans un nouvel élan?

Seul problème, aucune étude sérieuse ne permettait d'affirmer qu'il avait la moindre chance d'y arriver. Ainsi, Michael Lewis-Beck de l'Université de l'Iowa et co-auteur de «The American Voter Revisited», livre qui fait autorité dans la science politique américaine, estimait que le terme «post-partisan» était un non-sens tant les élections américaines sont rythmées sur le vote partisan républicain-démocrate. En outre, toutes les études indiquent que les électeurs républicains votent toujours au moins à 90% pour le candidat républicain et il en est de même pour les électeurs démocrates qui votent toujours au moins à 90% pour le candidat démocrate. Penser que la carte électorale pouvait être bouleversée était une erreur selon Michael Lewis-Beck et il pensait même que Barack Obama pouvait le payer cher s'il s'aventurait trop loin dans cette volonté post-partisane car les républicains ne voteraient sans doute toujours pas pour lui et les démocrates pourraient le trouver trop proche des Républicains et ne plus voter pour lui parce que traître à son propre parti! Même si Obama a été réélu en

2012 pour un second mandat, c'est vrai qu'il n'a pas vraiment réussi à faire bouger les lignes et que la gauche du Parti démocrate a beaucoup critiqué cette tentative post-partisane.

C'est vrai qu'un homme providentiel peut faire bouger la carte électorale et c'est l'ambition des tenants du post-partisan comme les deux centristes Michael Bloomberg, maire de New York pendant trois mandats jusqu'en 2013 et Arnold Schwarzenegger, l'ancien gouverneur de Californie et, bien sûr, Obama. Au-delà du fait que cela ne dure le plus souvent que le temps du parcours politique de cette personnalité, la recomposition demeure souvent limitée. Mais les études scientifiques ne sont-elles pas, aussi, faites pour être contredites un jour par les faits? Reste que la tentative de Barack Obama a échoué à cause de l'attitude des républicains. Craignant que le nouveau président parvienne à dépasser les clivages traditionnels et redessinent les frontières du paysage politique à leur détriment (mais aussi au détriment des démocrates de gauche), les républicains de droite ont entamé dès les premiers mois de la présidence d'Obama une guérilla totale, créant un fossé que pratiquement aucun membre du Parti républicain n'osa franchir. Et quand l'un d'eux s'aventurait dans une démarche bipartisane, il était voué aux gémonies et sanctionné.

Dès lors, l'entreprise de Barack Obama ne pouvait réussir. Cela ne veut pas dire que le concept de «post-partisan» soit nécessairement et indéfiniment voué à l'échec ou même qu'il soit une coquille vide. Pour autant, cette vision centriste de la politique est difficile à mettre en œuvre dans un paysage politique aussi polarisé que l'est celui des Etats-Unis actuellement et au niveau national. En effet, dans la ville de New York et dans l'Etat de Californie, tous deux résolument démocrates, les républicains Bloomberg (devenu ensuite «independent») et Schwarzenegger ont obtenu de meilleurs résultats. Ceci dit, une politique «post-partisane» ne remet pas en cause les appartenances à un parti, elle tente plutôt de créer de nouvelles majorités après les élections. C'est sans doute un handicap par rapport à des alliances politiques électorales regroupant divers courants sur un projet et un programme politiques préétablis et approuvés par les électeurs.

Enfin, selon Mark Satin, politologue et directeur du site internet Radical Middle («extrême milieu»), on peut dresser la liste des dix principes du post-partisan:
- Les relations sont aussi importantes que les convictions;
- Les critiques doivent être balancées par l'autocritique;
- Il doit exister un engagement sans faille au dialogue et à la délibération;

- Il doit exister un engagement sans faille à la diversité des opinions et des perspectives;
- Le compromis n'est pas le seul objectif;
- Il faut être simultanément créatif et pratique;
- Il faut démontrer un penchant pour les grandes idées;
- Il faut soutenir une préférence pour l'action;
- Il faut avoir une vision de long terme;

Chapitre 6
Bill Clinton et la «Nouvelle alliance»
(«New covenant»)

Dans son autobiographie, «My life» («Ma vie») publiée en 2004, Bill Clinton rappelle que le 16 juillet 1991, lors de son discours de candidat démocrate à la présidentielle délivré devant la convention de son parti qui venait de le choisir, il avait parlé de cette «nouvelle alliance» («new covenant» «fondée sur l'égalité des chances, la responsabilité et la communauté».

Un discours qu'il avait terminé par ces paroles:
«Quelque part, au moment même où je parle, un enfant naît en Amérique. Il est de notre devoir de donner à cet enfant un foyer heureux, une famille en bonne santé et un avenir plein d'espoir. Il est de notre de voir de veiller à ce que cet enfant ait la chance de tirer le meilleur parti de ses capacités que Dieu lui a données (...). Il est de notre

devoir de donner à cet enfant un pays soudé, et non un pays qui s'effondre, un pays d'espoirs illimités et de rêves infinis, un pays qui pousse à nouveau ses enfants de l'avant et qui inspire le monde entier. C'est là notre devoir, notre engagement, notre nouvelle alliance.»

Bill Clinton a forgé sa philosophie politique sous le terme de «New covenant» (nouvelle alliance) dès 1991 (ayant utilisé juste avant et pour peu de temps le terme «New choice», nouveau choix) et qu'il a préféré appeler «New social compact» (nouvelle entente sociale) après les élections de mi-mandat de 1994 qui virent le succès du Parti républicain et la mise en place d'une cohabitation à Washington.

C'est le 23 octobre 1991 à l'université de Georgetown que Bill Clinton présente plus en détail la philosophie sur laquelle il appui cette «nouvelle alliance»:
«Nous devons avoir une nouvelle approche, fondée sur nos principes les plus sacrés de notre nation, avec une vision pour l'avenir. Nous avons besoin d'une nouvelle alliance, une alliance solennelle entre les citoyens et leur gouvernement pour donner à tous des opportunités; inspirons partout la responsabilité dans notre société et rétablissons un sentiment communautaire à notre grande nation. Une nouvelle alliance pour retirer le gouvernement aux intérêts puissants et à la

bureaucratie et le rendre aux gens ordinaires de notre pays.

(…)

Ne vous y trompez pas. Cette nouvelle alliance signifie le changement, le changement de mon parti, changement de notre leadership, changement de notre pays, changement des vies de chaque Américain. Loin de Washington et des villes, la plupart des personnes ont perdu la foi en capacité du gouvernement d'avoir un impact positif sur leurs vies.

Là, vous pouvez entendre les voix calmes, troublées des Américains de la classe moyenne, oubliés et se lamentant que le gouvernement ne cherche plus leurs intérêts ou honore leurs valeurs, valeurs comme la responsabilité individuelle, le travail acharné, la famille et la communauté. Ils croient que le gouvernement leur prend plus qui ne leur rend et ferme les yeux quand des intérêts spéciaux prennent seulement de notre pays et ne rendent rien. Et ils ont raison.

(…)

Ensemble je crois que nous pouvons apporter le leadership qui restaurera le rêve américain, qui se battra pour la classe moyenne oubliée, qui apportera plus d'opportunités, qui insistera sur plus de responsabilités et qui créera un plus grand sentiment de communauté dans ce grand pays. Le changement que nous devons faire n'est pas liberal (gauche) ou conservateur (droite). C'est les deux et c'est différent».

Dans cette déclaration, non seulement Bill Clinton se positionne au centre mais il parle d'une politique du Centre en expliquant que ce qu'il veut faire est différents d'un simple mélange d'idées venues de la Droite et de la Gauche.

Comme l'analyse John Avlon dans son livre «Independent nation», «les thèmes qui vont l'amener à la Maison blanche (...) étaient tous là: le mantra des «Nouveaux démocrates» fait d'opportunité, de responsabilité et de communauté, la transcendance des étiquettes politiques et la condamnation de l'extrémisme partisan, et le focus sans faiblir sur l'insécurité économique, le tout au nom de la classe moyenne oubliée».

Cette nouvelle alliance était la suite d'un document présenté par Bill Clinton en mars 1990 à la Nouvelle Orléans au nom du Parti démocrate et dans lequel on trouvait cette phrase, «nous croyons que la mission fondamentale du Parti démocrate est d'augmenter les opportunités, pas l'intervention de l'Etat».

Une fois élu, Bill Clinton aura l'occasion de revenir sur le fondement de son positionnement: «le choix que nous offrons n'est ni conservateur, ni «liberal». A bien des points de vue ce n'est même pas républicain ou démocrate. C'est différent. C'est nouveau. Et cela marchera».

C'est dans cette optique que Bill Clinton mis en place, en 1994, après la défaite des démocrates aux élections de mi-mandat, sa fameuse stratégie de la triangulation qu'un de ses consultants, Dick Morris, définissait de la manière suivante: «un processus qui consiste à prendre les meilleures idées de chaque parti et de les combiner pour en faire une politique cohérente. Ce n'est pas juste de supprimer les différences mais de modeler une synthèse créative qui s'élève au-dessus de la doctrine de chaque parti».

Chapitre 7
Barak Obama et l'«opportunité équitable»
(«Fair shake»)

Comme le rappelle le professeur Greg Wawro de l'Université de Columbia juste après la défaite des démocrates aux «midterm elections» (élections de mi-mandat) de novembre 2014, «Barack Obama est fondamentalement un centriste». Et ceci après qu'il ait, une nouvelle fois appelé à un gouvernement bipartisan – comme en 2008 lors de son élection, comme en 2012 lors de sa réélection, même comme en 2004 lors de son discours remarqué le 27 juillet à la tribune de la Convention tenue à Boston par le Parti démocrate –, alors que ses troupes venaient d'être battues.

Dans l'histoire des Etats-Unis, quelques grands discours remarquables, prononcés par des présidents américains qui ont marqué leur époque, ont

définis leur mandat. Les plus connus sont le «New deal» (Nouveau contrat) de Franklin Roosevelt, la «New frontier» (Nouvelle frontière) de John Kennedy ou la «Great society» (Grande société) de Lyndon Johnson.
Sans oublier la «New freedom» (Nouvelle liberté) de Woodrow Wilson.

On peut aussi citer le discours d'Abraham Lincoln prononcé sur le champ de bataille particulièrement meurtrier de Gettysburgh, qui n'a pas reçu de nom mais qui rappelait l'importance du gouvernement du peuple par le peuple pour le peuple dans le seul pays au monde à le pratiquer alors.
Theodore Roosevelt avait parlé du «Square deal» (Contrat équitable) dans son intervention sur le «New nationalism» (Nouveau nationalisme) lorsqu'il n'était plus président mais un candidat malheureux à la succession de son successeur!

Le «Rugged individualism» (Individualisme robuste) de Herbert Hoover, lui, rejoignit vite les oubliettes de l'Histoire pour avoir été inventé juste avant la grande crise de 1929. De même que le «Compasionnate conservatism» (Conservatisme compassionné) de George W Bush qui ne résista pas aux attentats du 11 septembre 2001 puis à l'invasion de l'Irak.

Y a-t-il une formule pour définir la politique et la présidence de Barack Obama? Lors d'un entretien donné au magazine Rolling Stone, l'interviewer proposa à Obama la formule «Fair shake» que ce dernier avait déjà utilisé plusieurs fois et que l'on pourrait traduire par l'«opportunité équitable» pour tous de réussir. Celui-ci répondit que «cela me plait, (…) cela sonne bien à mes oreilles».

Mais qu'est-ce que cette opportunité équitable. Elle se décline en «fair shot» (jeu équitable) et «fair share» (part équitable). Tout le monde à droit à un «fair shot», jeu équitable qui permet d'avoir la même chance de réussite, et tout le monde doit avoir la part équitable qui lui revient, en matière de droit mais aussi de devoir afin de donner la part équitable qu'il doit à la communauté.

Barack Obama, lors du fameux discours qu'il prononça à Osawatomie dans le Kansas (là-même où Theodore Roosevelt, en 1910, avait parlé de son New nationalism), le définissait ainsi: «Je suis ici au Kansas pour réaffirmer ma profonde conviction que nous sommes plus grands ensemble que nous le sommes chacun de notre côté. Je crois que ce pays réussi lorsque chacun a le droit à un «fair shot» (jeu équitable), lorsque chacun donne sa «fair share» (part équitable), lorsque tout le monde joue avec les mêmes règles. Ce ne sont pas des valeurs démocrates ou des valeurs républicaines. Ce ne sont pas les valeurs des 1% ou les valeurs des 99%. Ce sont les valeurs américaines. Et nous devons les réinstaurer».

Pour Barack Obama, cela ne remet pas en cause l'économie de marché, bien au contraire, «l'économie de marché (free market) est la plus grande force pour le progrès économique dans l'histoire humaine». Mais «l'économie de marché ne fonctionne bien que lorsqu'il y a des règles sur le parcours qui assure que la compétition est juste, ouverte et honnête». Et, pour préciser sa pensée, de reprendre une des affirmations les plus célèbres de Théodore Roosevelt lors de son discours d'Osawatomie: «notre pays ne signifie rien s'il ne signifie pas le triomphe de la vraie démocratie, d'un système économique par lequel chaque homme verra garantie son opportunité de montrer le meilleur qu'il a en lui».

Se mettre dans les pas de Théodore Roosevelt, qui était un président républicain et qui revendiquait son conservatisme mais aussi son progressisme, est une manière pour Barack Obama de démontrer que sa présidence est définie comme centriste, consensuelle et bipartisane, alliant le meilleur du libéralisme économique, du libéralisme politique, du libéralisme sociétal mais aussi de la solidarité que le Centre puise dans l'idée que les vraies opportunités n'existent que si tout le monde part à égalité sur la ligne de départ.

L'Obamania qui a porté le candidat démocrate jusqu'à la présidence a été un mouvement populaire d'adulation aux Etats-Unis mais aussi dans le monde entier. C'est, évidemment, comme tout phénomène populaire de cette envergure exceptionnelle, un comportement largement irrationnel et émotionnel qui tient avant tout à la popularité charismatique de celui qui l'incarne.

Il est également du à cette formidable campagne qui a été menée de main de maître en 2007-2008 et qui consistait, pour la première fois, à calquer une campagne électorale sur une campagne de grande cause humanitaire. En l'occurrence, Barack Obama a été transformé en véhicule d'un message, le changement, qui s'articulait sur le fait qu'il était à la portée de tous et appartenait à tous («Yes, we can») – c'est-à-dire que chacun mettait dans le changement ce qu'il souhaitait qu'il soit – et qu'il surfait sur la vague du très fort désamour qui touchait George W Bush à la fin de son dernier mandat avec un taux de popularité parmi les plus bas jamais enregistrés pour une président américain.

Mais l'Obamania ne pouvait faire office de programme de gouvernement, ni même d'inspiration pour l'action gouvernementale d'autant qu'elle se nourrissait de nombreux malentendus – certains entretenus par l'équipe de campagne du candidat démocrate, certains par le candidat lui-même –

entre les espoirs de ses supporters et la vision politique de Barack Obama.

Cette pensée politique est loin d'être faite de bric et de broc. Elle est très structurée comme l'est celui qui la porte. Qu'est-ce donc, en définitive, l'Obamisme?

L'Obamisme est un libéralisme-social

Barack Obama a toujours été pour l'économie de marché et la liberté d'entreprise parce qu'en pragmatique il sait que c'est la façon la plus efficace d'organiser l'économie d'un pays pour accroître ses richesses et les gérer efficacement mais aussi pour jeter les bases du fonctionnement de l'économie mondiale. De plus, Barack Obama refuse de brider l'économie de marché autrement que par des règles organisant la concurrence et empêchant les fraudes et autres comportements délictueux.

Cependant, le président refuse tout autant de laisser sur le bord de la route tous ceux qui n'ont pas la chance ou les capacités d'être parmi les plus riches. Il sait qu'un pays est une communauté où la liberté doit nécessairement avoir comme pendant une solidarité entre tous ses membres avec, par exemple, un système de santé qui soigne tout le monde sans exclusive. De ce point de vue, il est un libéral tendance John Rawls, philosophe américain dont l'œuvre a été dédiée à réconcilier libéralisme et solidarité.

L'Obamisme est un progressisme

A l'image de celui de Théodore Roosevelt, Barack Obama est un tenant du progressisme qui veut s'appuyer sur le progrès pour développer la société (son plan écologique est de cette nature) et la rendre plus juste avec la volonté de faire en sorte que la société libérale ne soit pas pervertie par le capitalisme sauvage. Il refuse une liberté qui mènerait à la jungle où le plus fort serait le seul gagnant, que ce soit en matière économique ou sociale, réfutant le darwinisme social d'un Spencer où les plus forts doivent ramasser la mise. Il souhaite des politiques efficaces et ciblées que tout le monde puisse être gagnant dans une société équilibrée et consensuelle.

L'Obamisme est une recherche du consensus

Parler à tout le monde, écouter tout le monde, prendre les meilleures idées où qu'elles se trouvent, la pratique politique obamienne est consensuelle. Et le président a démontré dans plusieurs de ses décisions qu'il était prêt à écouter tout le monde et à prendre le meilleur de ce qu'il y avait dans chaque opinion. Ce fut le cas dans le cadre de la réforme de l'assurance santé mais aussi pour la stratégie en Afghanistan, par exemple.

L'Obamisme est un pragmatisme

Le tout ou rien ne fait partie des objectifs de Barack Obama, ni les chimères irréalisables. Ce qui lui importe est de faire avancer les choses, un petit pas valant toujours plus qu'un immobilisme, une amélioration concrète, si petite soit-elle, valant mieux que les grandes idées inapplicables. C'est comme cela que l'on doit comprendre sa satisfaction de voir voter la réforme de l'assurance maladie. Bien entendu, il a été soulagé que celle-ci soit finalement votée après autant d'obstructions et de campagnes haineuses des républicains. Mais il est également sincère en affirmant que sa mise en place amènera une vraie amélioration et que, de ce point de vue, il est totalement satisfait malgré le fait que certaines dispositions importantes ne figurent plus dans le texte final comme la mise en place d'une assurance publique qui devait concurrencer les assurances privées.

L'Obamisme est un réalisme

A l'image de Reinhold Neibuhr, Barack Obama est un réaliste politique qui sait qu'il ne changera pas de monde mais qu'il peut changer le monde.

Comme le philosophe américain, le nouveau président américain ne se fait pas d'illusions sur la perfection humaine ou sur la nature bonne du monde et sur le fait que le mal existe. Pour autant, notre imperfection et l'existence de ce mal ne peut être, selon lui, une raison à l'immobilisme, bien au contraire. On peut, en prenant en compte la réalité de la vie sur terre, améliorer la situation et même la changer. Mais il ne faut pas s'attaquer à changer de monde dans une lutte perdue d'avance.

En matière politique, Barack Obama est pour le consensus et pour une liberté responsable où la société garantie à chacun la même chance de réussir (opportunity en américain). En matière économique, il défend un marché ouvert mais régulé. En matière sociale, il prône l'association des divers acteurs et une solidarité accrue. En matière sociétale, il défend la liberté de conscience et de choix mais aussi la responsabilité, notamment des familles dans l'éducation des enfants. En matière de politique étrangère il est pour un nouvel ordre mondial basé sur la discussion et la coopération. Le tout en gouvernant, tout au long de son mandat, en pragmatique et en réaliste.

Tout cela fait de l'Obamisme, un centrisme, on pourrait même dire un modèle pour le Centrisme du XXI° siècle car Barack Obama a renouvelé le Centrisme pour en faire une nouvelle dynamique pour notre siècle débutant, démontrant que, loin d'être poussiéreux, le Centrisme est une vision du présent et de l'avenir alors que les idéologies de Droite et de Gauche s'enlisent dans des visions qui viennent souvent du XVIII° et du XIX° siècle et que leur esprit de confrontation et leur clientélisme ne sont plus adaptés à notre monde d'aujourd'hui.

Précisons, enfin, qu'aux Etats-Unis, Barack Obama a toujours été considéré comme se situant plutôt au centre-gauche. Pour les canons européens, il est un libéral-social, un centriste tout court.

Conclusion
La situation paradoxale du Centre depuis le mandat de Barack Obama

Alors que les démocrates ont perdu le Congrès depuis le 4 novembre 2014 lors des élections de «mi-mandat» qui ont renouvelé entièrement la Chambre des représentants et un tiers des sénateurs (défaite confirmée lors des élections de novembre 2016), quelle est la situation du Centre et des centrismes américains?

Elle est pour le moins paradoxale.

L'ancien président, Barack Obama, est un centriste assumé et la candidate démocrate malheureuse à la présidentielle de 2016 mais qui a obtenu 3 millions de voix de plus que son adversaire

Donald Trump, Hillary Clinton est tout autant une centriste assumée...

Mais, dans le même temps la Chambre des représentants est dominée depuis 2010 par la droite du Parti républicain (même si les démocrates ont obtenu plus de voix aux dernières élections mais que le «charcutage» des circonscriptions avantage les républicains) et cette dernière, selon toute vraisemblance, devrait encore y être aux commandes après les prochaines élections. Quant au Sénat, il est passé sous domination de cette même droite républicaine.

Dans cet étonnant paradoxe, les idées centristes ont été durement attaquées ces deux dernières années. Par la gauche (les «liberals» du Parti démocrate), notamment Bernie Sanders, adversaire de Clinton lors des primaires démocrates, qui ne voient là que des thèses de droite un peu plus modérées. Par la droite (la droite dure et, surtout, la droite radicale ainsi que l'extrême-droite, le fameux Tea Party, toutes réunies sous la bannière républicaine) qui ne voient là que des thèses «socialistes», voire «communistes».

Le tout dans un pays qui connait, comme toutes les démocraties occidentales, une montée de l'individualisme et de son aspect négatif et néfaste, l'autonomisation individuelle égocentrique, irresponsable et irrespectueuse de l'individu que j'ai eu l'occasion de détailler dans «Le Centrisme du XXI° siècle» (Editions du CREC) et qui est un des dangers principaux que doit affronter la démocratie républicaine dans les décennies à venir.

Ce qui fait qu'il est très difficile de trouver des consensus réels dans la population, chacun défendant avant tout son intérêt et ne se satisfaisant pas de compromis comme ce fut plus souvent le cas entre 1945 et 1980, jusqu'à l'élection de Ronald Reagan (même si l'époque dorée souvent évoquée par certains n'a jamais existé et que les affrontements entre les républicains et les démocrates ont pu être durs, voire plus, à certains moments au cours de cette période).

Prenons l'exemple des soins de santé. Une majorité des Américains est demeurée opposée à la réforme mise en place par Barack Obama parce qu'elle craignait pour ses avantages et de devoir payer plus cher, mais surtout parce que c'est une réforme décidée par Washington, la ville que l'on déteste et que l'on veut abattre (tout politicien qui veut se faire élire doit affirmer à un moment ou à un autre qu'il va aller faire le ménage dans la capitale).

Mais, dès que le gouvernement fédéral veut réformer un système d'aide, comme ce fut le cas pour Medicaid, l'assurance pour les personnes âgées, alors il y a un front du refus pour que l'Etat ne touche pas à ce programme alors même que c'est lui qui l'a créé et qui le gère, ce que ne savent pas une grande partie des Américains!

Mais le paradoxe ne s'arrête pas là.

Car, de sondages en sondages, les Américains ont plutôt tendance à se situer au centre de l'échiquier politique alors que le nombre d'élus centristes continuent de baisser inexorablement. Il n'y en a quasiment plus au Parti républicain et de moins en moins au Parti démocrate. Cette situation est une des conséquences de ce charcutage (appelé «gerrymandering» aux Etats-Unis) que j'évoquais plus haut et qui a consisté, ces dernières années, surtout dans les Etats dominés par la républicains, à fabriquer des circonscriptions sûres pour chaque parti.

Ainsi, dans de nombreux endroits, ce n'est plus le scrutin officiel qui désigne l'élu mais les primaires à l'intérieur d'un des deux partis puisque son représentant est ensuite sûr d'être élu...

Evidemment cela favorise dans chaque camp les minorités agissantes qui se mobilisent pour ces primaires, c'est-à-dire des personnes plus à droite et plus à gauche que la moyenne de la population américaine. Du coup, seule l'élection présidentielle reflète les véritables forces en présence. Encore que, les dispositions prises par de nombreux Etats (dominés par les républicains) pour limiter dans les faits le vote des minorités et des plus pauvres afin de pénaliser le Parti démocrate vont peut-être désormais fausser la démocratie comme ce fut le cas au pire moment de la ségrégation dans le Sud. Car une majorité de la population américaine est aujourd'hui modérée et centriste et elle souhaite que l'égalité des citoyens soient mieux respectée ainsi que ses «opportunities» (que l'on peut traduire par chances et opportunités) de réussite alors que les riches deviennent de plus en plus riche, que les pauvres sont plus nombreux et que les revenus de la classe moyenne stagnent quand ils ne régressent pas.

Néanmoins, dans la plus pure tradition américaine, l'Etat fédéral demeure une sorte de machine obscure dont on continue à se méfier et qui permet à tous les démagogues et les opportunistes de faire entendre leurs voix. Ainsi en est-il quand le gouvernement veut offrir une assurance santé à tous les Américains ou quand il vaut limiter le port d'armes.

En outre, le métissage de plus en plus grand de la population américaine avantage de loin de la Parti démocrate qui est nettement plus ouvert qu'un Parti républicain dont les électeurs sont majoritairement des hommes blancs de plus de 40 ans qui ont peur de l'avenir qui verra, selon eux, la décadence de la culture anglo-saxonne avec un déferlement migratoire, non seulement, à la frontière du Mexique mais par l'arrivée massive de réfugiés venus des pays musulmans, ce qui les amène à un grand conservatisme et à des comportements souvent xénophobes et même excessivement racistes.

Tout ceci fait que ce paradoxe devrait perdurer et impacter durement le pays qui se retrouve paralysé pour de grandes décisions qui engagent son avenir (réforme de la politique d'immigration, transition énergétique, lutte contre le réchauffement climatique, pérennisation de l'assurance santé, continuation de la réforme du système financier, vaste plan de construction et de réparation d'infrastructures, entre autres).

Il y a, bien entendu, des tentatives pour sortir de cette impasse avec des républicains et des démocrates modérés qui discutent ensemble pour trouver des compromis et établir des consensus, voire pour s'allier dans des structures informelles ou pour créer une troisième force centrale qui n'a jamais pu, jusqu'à présent, peser sur les élections malgré plusieurs essais infructueux.

Les électeurs des deux bords, aussi, semblent plus enclins à vouloir voir le pays aller de l'avant plutôt que de demander à leurs élus respectifs d'être intransigeants avec l'autre camp. C'est en tout cas ce que disent les sondages. Toujours est-il que la dureté des affrontements politiques lors du mandat de Barack Obama vient, c'est vrai, d'un conservatisme en total résistance du

Parti républicain (sans oublier le racisme d'une partie de son électorat) mais, surtout, d'une peur panique de perdre pour longtemps le pouvoir face à des démocrates qui sont plus en phase avec la démographie du pays. C'est pourquoi, quand Obama a proposé, dès sa prise de fonction en 2009, suite à ses promesses de campagne, de travailler avec les républicains, afin de tenter de trouver de larges consensus entre les deux bords et de mettre en place un régime «post-partisan», certes quelque peu utopique, les républicains ont répondu par le blocage du système politique, une opposition intransigeante et des attaques constantes sur la personne même du président.

Rappelons, tout de même, que le blocage institutionnel fait partie même du régime politique américain, voulu par les Père fondateurs qui, par peur qu'une faction puisse diriger le pays pour ses intérêts propres et pour protéger les droits de la minorité, a mis en place un système qui oblige aux compromis et aux consensus et, si ce n'est pas le cas, aboutit à une paralysie quasi-totale. Cette méfiance qu'ils avaient d'une majorité qui pourrait opprimer la minorité est à mettre à leur crédit.

Reste que cela permet aujourd'hui à des activistes radicaux très minoritaires, comme ceux du Tea Party par exemple (grâce à la fortune de quelques milliardaires réactionnaires qui les soutiennent), de bloquer la plus vieille démocratie du monde. Elle a surtout permis l'existence de ce paradoxe qui fait que les Etats-Unis sont en train de devenir ingouvernables. Car c'est bien à un gouvernement centriste qu'ils pensaient quand ils ont mis en place les fameux «checks and balances» (que l'on peut traduire sommairement par des mesures permettant l'équilibre des trois pouvoirs – exécutif, législatif, judiciaire –, chacun pouvant bloquer l'autre) mais ils n'ont pas forcément compris que ce système pourrait être utilisé un jour par ceux qui jouent contre leur pays.

In fine, la tâche des centristes, qu'ils soient républicains, «independents» (comme Michael Bloomberg) ou démocrates (comme Hillary Clinton), de remettre la politique américaine sur des bons rails, s'annonce des plus ardues même s'ils représentent la volonté de la majorité du pays. Ou, peut-être, à cause de cela...

Appendices

Ces appendices concernent des textes publiés ces dernières années sur le site Lecentrisme.com, site officiel du CREC.

I

La disparition des «centristes» républicains
(25 février 2016)

Il fut un temps où le Parti républicain avait une aile centriste puissante, capable de rivaliser et d'affronter avec succès à la fois l'aile conservatrice et l'aile réactionnaire.

Petit à petit, sous la pression idéologique de la droite du parti ainsi que de sa nouvelle stratégie, la récupération de tous les démocrates du Sud du pays, très conservateurs, voire très réactionnaires et racistes, qui ne voulaient plus voter pour la Parti démocrate qui avait enfin fait sa mue en devenant le parti des droits civiques, le Parti républicain a définitivement viré à la droite de la Droite.

Le premier virage à droite d'après guerre, assez soft, fut celui de Nixon en 1968.

Ici, on ne parle que de ces virages qui ont connu le succès sachant que la droite républicaine tenta dès après la Deuxième guerre mondiale de solder, sans y parvenir, l'héritage de Roosevelt et que Barry Goldwater, homme d'extrême-droite, fut le candidat des républicains à la présidentielle de 1966 face à Johnson où il fut battu à plate couture.

Bien qu'il théorisa la récupération des démocrates du Sud et qu'il fut un représentant de l'aile conservatrice dure, Richard Nixon gouverna plus ou moins au centre, ne remettant pas en cause les avancées sociales et politiques issues du New deal de Franklin Roosevelt.

Le deuxième virage à droite, plus sec, fut celui de Ronald Reagan en 1980.

Bien que très conservateur et ancien soutient de Barry Goldwater, héraut des démocrates d'extrême-droite, il gouverna souvent de manière assez modérée même si la fameuse «révolution conservatrice» qu'il mit en branle tenta d'imposer aux Etats-Unis l'ultralibéralisme thatchérien alors en vogue au Royaume Uni.

Le troisième virage à droite, plus dur, survint en 1994 avec l'élection d'une majorité républicaine à la Chambre des représentants du Congrès avec l'arrivée d'idéologues très rigides et ambitieux comme Newt Gingrich, le «speaker» (président) de cette assemblée et dont le but était de consolider et d'étendre cette révolution conservatrice de l'ère Reagan au détriment de la présidence démocrate de l'époque.

Malgré tout, il put y avoir, parfois, une collaboration assez positive entre cette majorité très à droite et le président d'alors, Bill Clinton.

Même s'il ne faut surtout pas l'oublier, c'est de cette époque que date cette idée chez les républicains que tout président démocrate est illégitime à être au pouvoir avec cette tentative de destituer Bill Clinton grâce à la procédure de l'«Impeachment».

Le quatrième virage à droite eu lieu au cours de la présidence de George W Bush et, surtout, lors de l'élection de Barack Obama.

En 2009, lors de la prise de fonction du premier président afro-américain qui souhaitait mettre en place sa stratégie post-partisane (des majorités d'idées et de circonstances sur chaque projet qui seraient transversales aux lignes politiques traditionnelles qu'elle ringardiserait), les chefs républicains se réunirent pour décider de jouer une obstruction dure, générale et totale, qui fut résumée par le chef des républicains au Sénat, Mitch McConnell: faire d'Obama un «one-term president», un président à un mandat, c'est-à-dire d'empêcher au maximum sa réélection en 2012.

Le projet échoua mais pas l'obstruction qui a continué jusqu'à aujourd'hui et s'est faite d'autant plus forte que les républicains ont conquis la majorité au Sénat en 2012.

Lors de ces multiples virages à droite, les républicains ont perdu, à chaque fois, un nombre plus ou moins importants de centristes jusqu'à la situation présente où il n'y en a plus qu'une poignée, et encore, pendant que des conservateurs bien trempés tentent d'accréditer qu'ils sont le nouveau centre du parti, voire de la vie politique américaine (comme par exemple Marco Rubio actuellement).

Le grand paradoxe qui a pu faire croire que le Parti républicain possédait encore une aile centriste fut leurs quatre derniers candidats à la présidentielle, George H Bush, George W Bush, John McCain et Mitt Romney, tous des conservateurs bon teints mais ouverts à un certain consensus ainsi qu'à la possibilité de compromis et qui furent choisis pour leur «electability», leur propension à se faire élire dans un pays où l'électorat modéré a été jusqu'à présent majoritaire.

Mais ce choix d'un modéré ne sera pas celui des républicains de 2016 au vu des résultats des quatre premières primaires dont la dernière, celle du Nevada, a mis en dernière position le conservateur le moins éloigné du Centre (mais néanmoins très loin de celui-ci), John Kasich, un des grands législateurs de l'ère Reagan.

Car le mach devrait se jouer entre le populiste démagogue Donald Trump (qui a remporté plus de 45% des voix au Nevada) et le conservateur sans état d'âme mais opportuniste Marco Rubio (deuxième avec plus de 22% des voix) et, peut-être, l'homme de l'extrême-droite, Ted Cruz (troisième avec un peu plus de 21% des voix).

Et si c'est Trump qui l''emporte, comme le prédisent désormais des spécialistes, le Parti républicain qui a attisé sans cesse la haine et le ressentiment vis-à-vis du monde politique de son électorat et de ses militants ces dernières décennies ne pourra s'en prendre qu'à lui-même.

Ce serait d'ailleurs un sacré pied de nez que les républicains se voient débordés par Donald Trump dont les fondamentaux populistes sont souvent loin des positions conservatrices de l'establishment du parti.

Mais à force de jouer avec le feu, cet establishment ne pourra s'en plaindre même si cela éloigne le parti encore un plus du centre de l'échiquier politique et, peut-être, de la Maison blanche pour longtemps.

A moins que la rage des Américains, réelle en 2016, puisse vraiment renverser les montagnes en sa faveur.

II

Et si les républicains avaient enfin réussi à gauchiser les démocrates (14 février 2016)

Depuis les années 1990, les républicains ont pris un virage de plus en plus à droite qu'ils ne contestent pas même s'ils en discutent l'importance.

Un virage à droite qui s'est amplifié ces dernières années et dont les candidats à la primaire du Parti républicain sont le reflet, notamment Ted Cruz, Marco Rubio et Ben Carson, qui restent en course, mais aussi ceux qui ont jeté l'éponge comme Rick Santorum, Mike Huckabee, Rand Paul, Carly Fiorina, Scott Walker, Rick Perry et quelques autres.

Donald Trump, lui, utilise ce virage à droite tout en surfant sur la montée du populisme engendrée par le mécontentement grandissant des électeurs vis-à-vis de la classe politique, tant à droite qu'à gauche et au centre.

Ce qu'il y a certainement de plus emblématique dans cette nouvelle ligne politique est que trois des candidats encore en lisse, Jeb Bush, Marco

Rubio et John Kasich, sont présentés comme plus ou moins centristes alors qu'ils sont en réalité des conservateurs sans états d'âme.

George W Bush, l'ancien président des Etats-Unis de 2001 à 2008, pourtant peu soupçonné de progressisme, a dit un jour que son père George H Bush et même Ronald Reagan, pourtant héros de tous ces candidats que l'on vient de citer, ne seraient sans doute pas élus candidats du Parti républicain s'ils se présentaient aujourd'hui parce que pas assez à droite.

Et il n'avait sans doute pas tort.

Rappelons tout de même que Reagan lors de sa victoire en 1980 représentait l'aile droite du Parti républicain et qu'il avait été un supporter de Barry Goldwater, le candidat républicain à la présidentielle de 1964 et homme d'extrême-droite.

Cela montre la dérive droitière des républicains.

Dans le même temps, sortant d'années de plomb et battus systématiquement à la présidentielle depuis 1968 (sauf en 1976 avec Jimmy Carter mais surtout parce que l'on était en plein après-Watergate et les mensonges de Nixon empêchaient l'élection d'un président républicain), les démocrates avaient entrepris de se recentrer en marginalisant leur aile gauche qui avait préempté le parti à la fin des années 1960 après la décision de Lyndon Johnson de ne pas se représenter et la candidature dramatique de Robert Kennedy aux primaires (au cours desquelles il avait été assassiné dans les cuisines d'un hôtel de Los Angeles après un discours suite à sa victoire à la primaire de Californie).

Cette entreprise s'est concrétisée par cette fameuse «Third way», Troisième voie, mise en place par de jeunes loups démocrates, dont Bill Clinton qui accéda avec surprise à la fonction suprême en battant le président sortant George H Bush en 1992 lors d'une triangulaire (avec la présence du candidat conservateur «independent», Ross Perot).

Celle-ci a connu un véritable succès puisque, depuis cette date, les démocrates auraient du occuper la Maison blanche sans discontinuer.

En effet, lors de l'élection l'an 2000, c'est le candidat démocrate et vice-président sortant, Al Gore, qui a, non seulement, gagné le vote populaire mais aussi très certainement le nombre le plus important de délégués (qui élisent le président américain dans une élection populaire indirecte) si l'on avait réellement recompté les votes en Floride.

Il aurait donc été élu et non George W Bush.

Une réalité électorale qui suit une réalité sociologique d'un pays où, certes, les conservateurs sont puissants mais où ils ne sont pas majoritaires, notamment parce que toutes les groupes ethniques en dehors des blancs, penchent très majoritairement en faveur des démocrates (afro-américains, hispaniques, américains asiatiques).

Dès lors, le Parti républicain s'est trouvé devant un dilemme: comment imposer son tournant à droite au pays qui n'en veut pas.

Il a trouvé une première réponse dans le charcutage électoral pour les élections à la Chambre des représentants.

Grâce à une mobilisation beaucoup plus grande de leurs sympathisants pour les élections locales, les républicains sont devenus majoritaires dans les Congrès de chaque Etat de l'Union (ainsi que pour le nombre de gouverneurs).

Et c'est une des prérogatives de ces Congrès de dresser la carte électorale des Etats en découpant les circonscriptions à leur envie (on appelle cela le «gerrymandering»).

Résultat, les républicains se sont assurés, au fil des ans, une majorité de circonscriptions homogènes où ils ne peuvent être battus et d'autres où il reste une petite chance aux démocrates de pouvoir être élus (et évidemment des circonscriptions homogènes où les démocrates sont sûrs de gagner).

Dans bien des Etats, cela leur permet de faire élire en masse des représentants républicains au Congrès de Washington et de contrôler, de ce fait, la branche législative au niveau fédéral.

Pour bien se rendre compte du caractère inique de ce redécoupage, il faut retenir un chiffre.

En 2012, lors de la réélection de Barack Obama, les candidats démocrates à la Chambre des représentants ont obtenus un million de voix en plus que ceux du Parti républicain mais n'ont jamais été aussi peu nombreux à être élus depuis des décennies…

Néanmoins, malgré le fait que l'élection du président des Etats-Unis se réalisent, à la fois, par le vote de super-délégués et que ceux-ci ne sont pas redistribués par rapport au vote national mais au vote dans chaque Etat (ce qui permet de ne pas forcément être élu avec le plus grand nombre de voix mais de l'être en s'adjugeant les Etats-clés, comme la Floride ou l'Ohio, que l'on appelle aussi les «Swing states» parce qu'ils sont prenables par les deux camps et qu'ils fournissent le nombre de délégués nécessaires pour l'emporter), les républicains n'ont pu faire main basse sur la Maison blanche.

Ce qui les empêche de mettre en œuvre leur programme très conservateur et de remodeler le pays de manière très idéologique et clientéliste (d'autant que jusqu'au 13 février, ils contrôlaient aussi le Cour suprême avant la mort soudaine de son membre le plus conservateur, Antonin Scalia).

C'est pourquoi ils ont décidé de diaboliser les démocrates, particulièrement les candidats à la présidentielle.

Pour y parvenir, leur tournant à droite s'est accompagné d'un déni d'être devenus extrémistes associé à une violente et constante campagne de propagande menée entre autres par le biais des idéologues de l'aile radicale du parti qui n'a eu de cesse, devant le recentrage du Parti démocrate de lui dénier celui-ci tout en le présentant comme un repère d'infâmes socialistes et gauchistes.

Lors de la présidence de Bill Clinton mais surtout depuis l'élection de Barack Obama, deux présidents centristes qui revendiquent ouvertement cette appellation, ils ont affirmé constamment que ceux-ci n'étaient que de dangereux socialistes (ou même des communistes, faisant, par exemple, des rapprochements entre Obama et… Staline!).

En outre, leur haine viscérale d'Hillary Clinton ne s'explique pas autrement.

Idéologiquement il s'agissait donc de présenter leur nouvelle ligne politique suite à leur virage à droite comme le nouveau centre de la politique américaine, donc le point d'équilibre de la politique.

Cette supercherie permettait ainsi de prétendre que les démocrates avaient viré à gauche alors, qu'en réalité, c'est eux qui avaient viré à droite.

Elle permet également de présenter John Kasich, comme le candidat à la candidature pour la présidentielle le plus centriste du Parti républicain alors qu'il est en réalité un conservateur bon teint et un des responsables de la politique très conservatrice de Ronald Reagan au Congrès.

Cette campagne de communication des républicains a pris un tour systématique et virulent, avec insultes à la clé, pendant les premières années de la présidence d'Obama qui était un véritable danger pour eux car il se présentait en modéré, voulant travailler avec tout le monde et avait même inventé le terme «post-partisan» qui signifiait dans son esprit, la fin des affrontements camp contre camp avec la mise en place de majorités de circonstances sur des sujets variés.

Pour nombre de républicains, qui l'ont dit plus ou moins ouvertement (notamment lors d'une réunion des élus du parti au Congrès début 2009), il fallait empêcher par tous les moyens Obama de réussir en bloquant systématiquement les institutions.

Cette entreprise de caricaturer Barack Obama en homme de gauche a, étonnamment, obtenu un certain succès auprès de certains médias pourtant peu réputés pour être conservateurs ou de droite radicale.

Dans le même temps, en mettant en œuvre concrètement le blocage des institutions par une opposition de tous les instants et jamais vue au Congrès (ce qui en fait une des institutions les plus détestées des Américains), en refusant toute augmentation de salaires et tout partage de la richesse et en promouvant l'enrichissement indécent de quelques uns, en s'opposant à toute mesure sociale (comme l'assurance santé), en glorifiant le port d'arme, en voulant remettre en question le droit à l'avortement, en attaquant toute politique d'intégration de certains immigrants illégaux, en niant le réchauffement climatique ils sont effectivement parvenus, petit à petit, à radicaliser une partie des sympathisants et des électeurs démocrates ainsi qu'à redonner voix à cette frange très «liberal» (très à gauche) du Parti démocrate qui existe toujours même si elle demeure minoritaire depuis qu'elle avait été largement marginalisée après le désastre électoral de 1972 avec la candidature de George Mc Govern à la présidentielle face à Nixon.

Et cela s'est traduit par le phénomène Bernie Sanders qui est une victoire pour les radicaux républicains.

Sa popularité auprès d'une partie des démocrates, mais aussi de la jeunesse et des «indepependents» de gauche (les «independents» sont des gens qui ne sont pas affiliés à un parti et dont le positionnement peut aller de l'extrême-droite à l'extrême-gauche), est bien la résultante de cette tentative de gauchiser le Parti démocrate en provoquant une réaction de ses sympathisants face une droitisation extrême du Parti républicain.

Cette gauchisation venue d'un homme extérieur au parti – Bernie Sanders n'est pas un démocrate, il est seulement affilié au groupe sénatorial du parti – est en train de prendre une tournure plus importante avec les attaques contre le progressisme d'Hillary Clinton qui est mis en doute par le camp Sanders, comme si un progressiste était nécessairement une personnalité à gauche de l'échiquier politique.

Quand Clinton se définit comme «une progressiste qui veut des résultats concrets», elle ne fait que définir ce qu'est une centriste, une réformatrice pragmatiste qui préfère des avancées réelles à des incantations idéologiques qui n'ont aucune chance de réussir.

Le site internet américain de l'Huffington Post affirme ainsi ce n'est pas que Clinton n'est pas progressiste mais qu'elle est «prudente».

Mais cette prudence est bien l'apanage de ceux qui recherchent le juste équilibre qui ne se construit pas par un coup de baguette magique comme l'espèrent ceux qui, à droite et à gauche, portent les mesures clientélistes et s'enorgueillissent de mauvaises réformes parce que décidées dans une sorte de ferveur partisane peu propice à une bonne gouvernance.

Mais il est évident, par exemple, qu'entre Barack Obama et Hillary Clinton, le premier est du Centre-centre alors que la deuxième a un tropisme un peu plus centre-gauche.

Et l'énorme erreur faite par les liberals en 2007 pour leurs idées est d'avoir soutenu Obama face à Clinton.

Toujours est-il que la nomination de Bernie Sanders comme candidat du Parti démocrate, même si elle reste largement hypothétique mais pas impossible désormais, serait une victoire du Parti républicain et une grande chance pour lui de gagner la présidentielle du 8 novembre prochain.

Elle serait une défaite du centrisme américain et installerait, sans doute, à la Maison blanche, un conservateur très à droite.

Elle renverrait le Parti démocrate à ses démons gauchistes et à une grave crise d'identité.

Le rêve des idéologues républicains serait enfin devenu réalité.

A moins qu'une candidature de Michael Bloomberg, rabatte les cartes.

III

Présidentielle USA 2016. La défaite du Centre et du Centrisme aux Etats-Unis? (25 novembre 2016)

Imaginons d'abord le scénario où, lors de la présidentielle du 8 novembre, un populiste de droite, Donald Trump, aurait affronté un populiste de gauche, Bernie Sanders, tous deux portés par une vague de supporters «en colère» et prêts à en découdre, dénonçant le «système» comme pourri et corrompu.

Imaginons que le résultat, quel que soit le vainqueur donne à l'un une majorité de grands électeurs alors que l'autre remporte le vote populaire avec 47,93% contre 46,37% à son opposant et plus de deux millions de suffrages d'avance (au 25 novembre).

Quelle aurait été la réaction de Trump ou de Sanders s'ils avaient gagné le vote populaire avec cette marge ou même avec une voix d'avance mais étaient minoritaires en nombre de délégués, c'est-à-dire qu'ils avaient été donnés perdants de la présidentielle?

Quelle aurait été la réaction de leurs troupes respectives devant ce déni de démocratie?

On ose imaginer les propos hargneux, les manifestations violentes et une Amérique otage de deux populistes qui avaient fait de la démocratie républicaine libérale leur ennemi principal pendant la campagne.

Et que n'aurait-on entendu les médias dénoncer une élection qui n'aurait pas respecté la décision souveraine du peuple.

Or c'est bien ce qui s'est passé pour Hillary Clinton.

Et si elle a bien perdu selon les règles de l'élection présidentielle américaine, ce qu'elle a reconnu immédiatement sans incriminer le «système», elle a largement gagné devant le peuple.

C'est un fait et personne ne peut le contester.

Or, depuis sa défaite face à Donald Trump, les critiques ne cessent de pleuvoir, la rendant responsable de la victoire d'un populiste démagogue, du rejet des Américains pour le système et les élites et de bien d'autres choses.

En cause, sa personnalité incapable de mener une bonne campagne électorale et une défaite de son positionnement politique centriste.

Ce qui est une contre-vérité puisqu'elle a gagné...

Néanmoins, on peut estimer que face à une sorte de clown dangereux dont on voit tous les jours qu'il n'a aucun programme, qu'il change d'avis comme de chemise et qu'il ne trouve pas assez de personnes sérieuses dans son camp pour remplir les nombreux postes de son administration mais qu'il peut réagir de manière violente et totalement imprévisible, qu'Hillary Clinton, vu ses compétences, par ailleurs, ainsi que les bons résultats de la présidence de Barack Obama, un président avec une popularité de fin de mandat aussi haute, aurait du l'écraser, ce qui n'a pas été le cas et a permis à Trump de remporter la majorité des grands électeurs.

Du coup, dans la recherche de ce qui a fait chuter Hillary Clinton, on peut se demander si ce n'est pas son positionnement centriste qui est également celui de Barack Obama.

Est-ce donc la défaite du Centre et du Centrisme aux Etats-Unis alors que celui-ci semblait bien établi au pouvoir pour plusieurs années encore?

La question mérite d'être posée car elle conditionne le prochain paysage politique du pays où, face à un parti républicain définitivement ancré à la droite de la Droite, le Parti démocrate doit se demander s'il demeure sur une ligne majoritairement centriste ou s'il doit se déporter sur sa gauche.

Car, selon les analystes, ce qui a fait défaut à Clinton, c'est une partie de l'électorat populaire qui vote généralement démocrate et qui s'est abstenu, voire qui a choisi Trump, ainsi qu'une partie de l'électorat jeune.

Et tous ceux-ci étaient des supporters de Bernie Sanders, positionné très à gauche et dont les sondages le donnaient très largement vainqueur de Trump quand ils prédisaient une victoire beaucoup moins importante d'Hillary Clinton.

Même si ces sondages ne peuvent donner la clé puisqu'ils furent réalisés bien en amont de l'élection, ils permettent de saisir cette désaffection d'une partie des électeurs démocrates et/ou de gauche qui ont fait défaut à Clinton.

Dès lors, il manquait sans doute une majorité populaire pour le projet centriste d'Hillary Clinton et donc pour le bilan de la présidence de Barack Obama, c'est-à-dire qu'une partie des gens qui ont voté pour elle, ne soutenaient pas son programme électoral mais ne voulaient surtout pas de Donald Trump à la Maison blanche.

C'est si vrai que Clinton a du gauchiser son discours et son programme, au grand dam d'ailleurs d'Obama, notamment en matière de mondialisation et de globalisation économique avec des accents protectionnistes, pour les attirer.

Mais cela n'a pas suffi pour convaincre une partie des électeurs de gauche car la candidate démocrate est demeurée globalement sur des positions centristes comme le montrent ses discours et ses prestations lors des débats face à Trump.

Ceux-ci, dans une démarche bien connue de déni de la réalité et d'affirmations du style «blanc bonnet et bonnet blanc» ont dès lors refusé d'aller voter et ont fait la différence dans certains Etats-clés.

Néanmoins, la gauchisation n'est peut-être pas la bonne solution pour le Parti démocrate.

Car les modérés et les centristes qui ont voté pour Hillary Clinton pourraient alors faire défection et aller voir du côté républicain, non pas pour voter Trump mais pour l'après-Trump.

Les démocrates ont déjà connu pareille situation après la défaite de 1968 où Richard Nixon l'avait emporté d'une courte tête face à Hubert Humpfrey.

Ce tournant à gauche leur avait causé une longue traversée du désert, uniquement interrompue par un mandat de quatre de Jimmy Carter, avant que le parti ne retourne avec succès au centre-gauche et au centre avec Bill Clinton et sa Troisième voie.

Reste que la défaite de Clinton montre une nouvelle fois que le Centrisme est la cible constante d'attaques clientélistes et extrémistes violentes.

Ainsi, une politique de juste équilibre est sans cesse agressée, et sur sa droite, et sur sa gauche, donc plus fragile électoralement parlant que les politiques de droite ou de gauche qui ne connaissent que l'ennemi d'en face.

Barack Obama, avant Hillary Clinton, a connu cela et les défaites des élections de mi-mandat en sont la preuve alors que le bilan de sa présidence était positif.

On ne peut non plus totalement exclure dans la défaite d'Hillary Clinton le réflexe bien connu maintenant dans les démocraties du XXI° siècle de «sortir les sortants» de manière mécanique.

Beaucoup d'électeurs volatiles se font une spécialité de voter contre les équipes en place prétendument parce qu'elles auraient échoué même si ce n'est pas le cas et qu'il faut essayer autre chose.

Nombre d'élections récentes dans les démocraties occidentales montrent que ce phénomène inquiétant se répand de plus en plus car il montre que les programmes et les personnalités comptent moins qu'un réflexe populiste d'être contre celui qui est en place, quel qu'il fut.

IV

Les 45% des Américains qui se disent «independents», sont-ils centristes?
(12 août 2017)

Selon un sondage de l'institut Gallup, 45% des Américains se disent «independents» tandis que 28% se disent démocrates et 25% républicains.

S'agit-il de dire que 45% des sondés se réclament du Centre alors que 28% seraient de gauche et 25% de droite?

C'est en tout cas ce que croient les initiateurs du Centrist project dont le but est de présenter partout des candidats «independents» pour casser l'emprise des deux grands partis sur la vie politique des Etats-Unis.

Néanmoins, ce résultat est nettement moins tranché que ce qu'ils affirment.

D'abord sur la qualification d'«independent».

Celle-ci qualifie ceux qui ne se reconnaissent dans aucun des partis dominants, le Parti républicain et le Parti démocrate qui rythment la vie politique américaine depuis les années 1850 (auparavant il s'agissait du Parti whig face aux démocrates).

Pour autant, d'une part, les «independents» peuvent être plus à gauche que les démocrates et plus à droite que les républicains.

Il ne s'agit nullement d'une catégorie homogène de modérés, même s'il y en a beaucoup dans cette catégorie, mais avant tout d'une dénomination de ceux qui ne veulent pas être associés aux républicains et aux démocrates pour des raisons diverses et variées.

D'autre part, il y a, chez ceux qui se disent démocrates (surtout) ou républicains (un peu), des réels centristes puisque, rappelons-le, les deux grands partis couvrent chacun tout le spectre d'un des deux côtés de l'échiquier politique allant des extrêmes aux modérés.

Il y a donc beaucoup d'électeurs centristes au Parti démocrate (plutôt de centre-gauche) et au Parti républicain (plutôt de centre-droit).

Ainsi, il convient de ne pas oublier que les deux derniers présidents démocrates, Bill Clinton et Barack Obama, étaient de vrais centristes, tout comme l'était la dernière candidate du Parti démocrate, Hillary Clinton.

D'ailleurs, actuellement, le Parti démocrate demeure une formation de centre-gauche avec un courant social-démocrate minoritaire alors que le Parti républicain est devenu un parti de droite radicale n'ayant plus en son sein qu'une poignée de personnalités de centre-droit.

Le problème avec toutes les initiatives «centristes» comme le Centrist project, c'est qu'elles renvoient les démocrates et les républicains dos à dos alors même que les premiers sont beaucoup plus proches du Centre que les seconds.

Dès lors, leurs initiatives penchent le plus souvent à droite et non plus au centre de l'échiquier politique.

Quant à savoir si les Américains sont prêts à se passer des deux grands partis, la réponse n'est pas aussi simple qu'un autre pourcentage révélé par le sondage Gallup le laisserait croire où 57% d'entre eux affirment qu'il faut une alternative à ceux-ci au pouvoir.

Car, aujourd'hui, seuls deux sénateurs se revendiquent «independents», dont le socialiste Bernie Sanders et aucun représentant.

Même si ce constat doit être tempéré par le fait que les candidatures «independents» sont nettement plus rares lors d'un scrutin et ont souvent plus de mal à avoir une exposition médiatique suffisante, les électeurs ayant plus tendance à voter pour les candidats des deux grands partis et donc à leur faire confiance au moment du vote et à avoir une bonne opinion d'eux.

Ainsi, il y a une grande différence entre les candidats démocrates et républicains qui, au niveau local de leurs circonscriptions, sont généralement appréciés de leurs électeurs – ce qui permet à une large majorité d'entre eux d'être facilement réélus – et la défiance exprimée au niveau national pour les deux formations qu'ils représentent...

Reste que des organisations comme le Centrist project ont raison de pointer du doigt la paralysie actuelle du système où les deux partis se neutralisent au lieu de trouver des consensus pour gouverner ce qui était jusqu'à la fin du XX° siècle une pratique courante aux Etats-Unis.

V

Il est temps pour un parti centriste
aux Etats-Unis
(9 juillet 2017)

Ni les centristes du Parti républicain – s'il en existe encore! –, ni ceux du Parti démocrate trouvent encore leur place dans leurs formations respectives.

Si c'est désormais le cas pour les démocrates depuis la défaite d'Hillary Clinton face à Donald Trump et la montée en puissance de Bernie Sanders, cela l'est depuis près de vingt ans pour les républicains, depuis l'offensive de la droite radicale pour faire main basse sur le parti d'Abraham Lincoln et Theodore Roosevelt, deux des premiers centristes de l'histoire politique américaine.

Aujourd'hui, la radicalisation des deux partis est une évidence.

Elle doit être mise à l'actif des idéologues d'extrême-droite du Parti républicain – les Buchanan, Santorum, Bannon, Paul et consorts – qui ont voulu, souhaité et lutté pour créer une division irréversible entre les deux partis dominants de la vie politique américaine et tuer ce fameux consensus et la capacité de trouver un compromis qui était la marque de fabrique du système étasunien.

Leur guerre inlassable contre Barack Obama était une des manifestations les plus agressives de leur projet.

Même si le bipartisme – précisons tout de même que les Etats-Unis connaissent une myriade de partis politiques – est dans l'ADN de la politique américaine, la création d'une «troisième force» centriste est à présent la seule manière d'empêcher le débat politique de se radicaliser définitivement dans les années à venir.

Aujourd'hui, il y a un populisme de droite radicale (voire d'extrême-droite) incarnée par Donald Trump et un populisme de gauche radicale incarnée par Bernie Sanders.

Mais il y a en plus toute une mouvance d'extrême-droite du côté républicain dont Mike Pence, le vice-président n'est pas très éloigné (ce qui fait dire à beaucoup de politologues que Trump est un moindre mal et qu'il faut qu'il reste en place car sa destitution serait une grande catastrophe parce qu'il serait remplacé par Pence...).

Et ces deux populismes ne sont pas des mouvements éphémères.

Du coup, les centristes du Parti républicain et ceux du Parti démocrate ont intérêt à unir leurs efforts afin de défendre une démocratie républicaine modérée, équilibrée et harmonieuse qui était le projet politique des Pères fondateurs de la nation américaine, centristes dans l'âme et auteurs de la Constitution.

Actuellement, certains de ces centristes font fausse route en essayant de trouver des compromis avec les radicaux qui les utilisent sans vergogne et tenteront de les réduire au silence dès qu'ils le pourront.

De même, d'autres ont tort de croire qu'ils pourront reprendre le pouvoir à court voire à moyen terme à l'intérieur de leurs partis respectifs.

Les radicaux et les populistes sont en position de force et leur dessein est bien d'éliminer les modérés.

Dès lors, la seule solution raisonnable – mais qui ne sera peut-être pas mise en route… – est bien dans une alliance des centristes dans un nouveau parti politique.

D'autant qu'une majorité d'Américains selon les sondages réclament ce troisième parti.

Car le bipartisme est obsolète aux Etats-Unis pour les années qui viennent parce qu'il ne représente plus la sociologie électorale du pays qui est globalement divisée en trois et non plus en deux.

Auparavant, il y avait toujours moyen pour les modérés de trouver un terrain d'entente acceptable avec leurs ailes radicalisées ou plus idéologiquement marquées à droite et à gauche.

Mais cela n'est plus possible.

La droite radicale a tenté et presque réussi à déplacer le centre de la vie politique américaine vers la droite.

La réaction de la Gauche avec l'apparition pas aussi étonnante que cela d'un Sanders lors de la campagne pour les primaires démocrates a permis de rééquilibrer les choses et de pouvoir remettre le point central là où il doit être, entre la Gauche et la Droite.

Néanmoins il faut maintenant une incarnation de ce Centre parce qu'il en va, non seulement du débat politique mais de la représentation de la frange la plus nombreuse de la population du pays qui se trouve actuellement otage des franges radicalisées.

Reste qu'aucune initiative d'envergure n'est encore dans les tuyaux malgré le spectacle affligeant de la présidence Trump et les petites guerres mesquines qui touchent le Parti démocrate.

Sans doute que le fétichisme du peuple américain pour un système politique et une Constitution qui devraient être modernisés en est en grande partie responsable.

VI

La droite radicale américaine en passe de gagner son pari de tuer le Centre
(14 janvier 2017)

Aux Etats-Unis, depuis des années, la droite radicale et l'extrême-droite, affiliées ou non au Parti républicain, poursuivent une tentative de recomposition du paysage politique américain avec la volonté d'installer son centre à droite et ainsi de gauchiser le vrai Centre, c'est-à-dire aujourd'hui un courant composé à 90% de démocrates, les républicains modérés et centristes étant devenus une toute petite minorité en voie de disparation au fil des années et de la chasse aux sorcières dont ils ont été des victimes systématiques.

Ainsi, les idéologues ultraconservateurs et réactionnaires ont incité les républicains à contester sans cesse la légitimité du Parti démocrate quand il est au pouvoir, à ne jamais faire de compromis avec lui et à stigmatiser toutes ses décisions.

C'est comme cela qu'il faut comprendre le blocage des institutions avec un Congrès qui, depuis qu'il est dominé par les républicains, est celui qui a le moins travaillé de toute l'histoire du pays.

De même, lorsque les républicains ont refusé de même recevoir le juge que Barack Obama avait choisi pour occuper un siège vacant à la Cour suprême, ils ne faisaient que continuer ce travail de sape permanent et opiniâtre en espérant que le vent tournerait.

Sans parler de la guérilla qu'ils ont constamment menée contre Barack Obama et Hillary Clinton, les déconsidérant sans cesse, leur niant toute légitimité.

Cette stratégie – au-delà de bloquer le pouvoir quand les démocrates l'occupent – avaient également pour but de radicaliser le Parti démocrate.

En refusant tout consensus et tout compromis, ils avaient dans l'idée que les démocrates se lassent de cette obstruction totale et adoptent un discours et des pratiques plus partisanes alors même que ces derniers avaient fait leur révolution centriste au début des années 1990 afin de revenir au pouvoir avec Bill Clinton puis avec Barack Obama, ce qui leur a permis, ne l'oublions pas, de remporter en voix six des dernières élections présidentielles dont la dernière où Hillary Clinton a obtenu près de 3 millions de votes de plus que Donald Trump.

Cette volonté qui a été analysée et expliquée par de nombreux politologues, est en passe de réussir grâce à l'élection de Donald Trump.

Non seulement, cette victoire du démagogue populiste qui a puisé nombre de ces idées à la droite extrême leur permet de revenir au pouvoir mais elle a provoqué, en réaction, le réveil de la gauche américaine, en particulier sa frange radicale ainsi que l'extrême-gauche, dont le but avoué est désormais de prendre le contrôle du Parti démocrate avec Bernie Sanders, voire de le phagocyter en s'inspirant de ce qu'a réussi le mouvement d'extrême-droite du Tea Party avec le Parti républicain (et qui a été un allié inestimable pour Donald Trump) ou même de créer une structure à gauche de celui-ci.

Et le terreau est favorable.

Devant les outrances, les insultes, les grossièretés, les menaces et l'incompétence de Trump, nombre d'électeurs démocrates sont tentés de se gauchiser face aux menaces que la démagogue populiste représente pour la démocratie républicaine libérale, pour la paix et pour l'humanisme.

Si l'on assistait à un mouvement de grande ampleur dans ce sens, le Centre et le Centrisme seraient en grand danger aux Etats-Unis.

Bien évidemment, l'espace central continuerait lui à exister mais il se déporterait mécaniquement à droite comme le souhaitent depuis si longtemps les républicains.

Dès lors, la bataille que doivent mener les centristes américains mais aussi de tous les pays du monde, c'est d'empêcher le virage à droite, radical et extrême, des Etats-Unis qui pourrait provoquer des désastres à, l'intérieur et à l'extérieur du pays mais aussi d'empêcher la disparition du vrai Centre en empêchant la dérive gauchiste du Parti démocrate, dérive qui est actuellement en gestation et qui pourrait émerger au cours de cette année.

Le temps de la résistance a sonné pour les centristes américains, ce qui leur permettra, à terme, une reconquête du pouvoir.

Citations sur le Centre
et le Centrisme américain

BLOOMBERG Michael
*Homme politique américain et entrepreneur,
maire de New York*
«Vous avez droit à vos propres avis, mais pas à
vos propres faits.»

«J'ai toujours respecté ceux qui essayent de
changer le monde pour le meilleur, plutôt que
ceux qui juste s'en plaignent.»

«Ce qui a changé c'est que les gens (en politique) ont cessé de travailler ensemble.»

CARTER Jimmy
*Homme politique américain, président des Etats-
Unis*
«Sur les droits de l'homme, les droits civils et la
qualité de l'environnement, je me considère moi-
même comme très 'liberal' (de gauche). Sur la
manière de gouverner, l'ouverture du gouvernement, sur le renforcement des libertés individuelles et des échelons locaux de gouvernance,
je me considère comme un conservateur. Et je ne
vois pas en quoi ces deux attitudes sont incompatibles.»

CLINTON **Bill**
Homme politique américain, président des Etats-Unis

«Nous devons bâtir le centre vital. La leçon de notre histoire est claire. Lorsque nous mettons de côté notre esprit partisan, adoptons mes meilleures idées sans se soucier d'où elles viennent et travaillons pour le principe de compromis, nous pouvons faire avancer l'Amérique ni à gauche, ni à droite, mais devant.»

«Ce dont ce pays a besoin est un changement radical basé sur les valeurs de bon sens, une sorte de centre radical.»

«Le changement que nous devons faire n'est ni de 'liberal' (de gauche), ni conservateur. Il mêle les deux et il est différent.»

CLINTON **Hillary**
Femme politique américaine

«La politique américaine peut être parfois quelque peu déséquilibrée. Nous penchons vers la droite ou vers la gauche mais nous retournons toujours vers le centre car nous sommes des pragmatiques. Nous ne sommes pas des idéologues. La plupart des gens veulent des solutions sensées.»

EISENHOWER Dwight

Homme politique américain, président des Etats-Unis

«Le chemin du futur de l'Amérique se trouve au milieu de la route entre le pouvoir sans entrave des fortunes concentrées et le pouvoir déchaîné de l'étatisme ou des intérêts partisans.»

JEFFERSON Thomas

Homme politique américain, président des Etats-Unis

«Chaque différence d'opinion n'est pas une différence de principe. Nous sommes tous des républicains, nous sommes tous des fédéralistes.»

KENNEDY John

Homme politique américain, président des Etats-Unis

«Les extrêmes opposés se ressemblent. Chacun croit que nous n'avons que deux choix.»

MADISON James

Homme politique américain, président des Etats-Unis

«J'ai toujours recherché le terrain d'entente.»

Nixon Richard

Homme politique américain, président des Etats-Unis

«Les extrémistes de gauche ont tendance à être tout aussi critiques du pragmatisme que les extrémistes de droite.»

«Il faut se présenter à droite pour les primaires et puis se présenter au centre pour l'élection générale.»

Obama Barack

Homme politique américain, président des Etats-Unis

«Je ne crois pas que vous allez me voir me rapprocher du Centre pour des raisons tactiques car je n'ai jamais eu l'impression de quitter ce qui constitue la pensée dominante dans le peuple américain.»

«Nous devons être guidés par ce qui marche.»

«Ce que j'ai toujours cherché en matière de politique économique c'est un pragmatisme en toutes circonstances.»

«Ce qui est gênant c'est le fossé entre l'importance de nos défis et la petitesse de nos politiques – la facilité avec laquelle nous sommes distraits par la petitesse et la trivialité, notre refus chronique des décisions difficiles, notre incapacité apparente de construire un consensus qui marche pour s'attaquer à n'importe quel gros problème.»

«Ce que je veux essayer de faire est d'unifier les deux ailes du Parti démocrate. Celle qui est considérée comme l'aile la plus progressiste et celle qui est considérée comme l'aile la plus centriste. Je pense que nous pouvons créer une approche qui soit plus américaine, pro-travailleur, pro-affaire, pro-croissance.»

ROOSEVELT **Theodore**
Homme politique américain, président des Etats-Unis
«Nous, républicains, nous devons tenir la juste balance et nous tenir résolument contre l'influence néfaste de l'industrie d'un côté comme de la démagogie et de la loi de la populace de l'autre.»

«Comme Lincoln recevait des avis contradictoires des extrémistes des deux côtés, je dois maintenant me protéger des extrémistes des deux bords.»

«Soyez concrets aussi bien que généreux dans vos idéaux. Ne quittez pas les étoiles des yeux mais rappelez-vous de garder vos pieds sur terre.»

WASHINGTON George
*Homme politique américain, premier président
des Etats-Unis*
«Je n'étais pas un homme de parti moi-même et
le premier souhait de mon cœur était que, si les
partis existaient, de les réconcilier entre eux.»

WILSON Woodrow
*Homme politique américain, président des Etats-
Unis*
 «D'un côté, il y a des extrémistes qui crient con-
tinuellement au gouvernement, 'bas les pattes»,
'laissez faire' (…) qui critiquent tout acte du gouvernement qui n'est pas un acte de police, qui
regardent le gouvernement comme nécessaire,
mais un mal nécessaire… De l'autre côté, il y a
ceux, qui avec la même vision extrémiste du bord
opposé, qui voudrait que la société ne repose
que sous la direction et l'assistance du gouvernement dans toutes les affaires de l'existence,
qui, par quelque rêverie d'un effort de coopération astucieusement imaginée par les grands
prêtres du socialisme, croient que l'Etat peut devenir une mère nourricière de chaque membre de
la famille politique. Entre ces deux extrêmes (…)
il y a un milieu (…) qui donne une large liberté à
l'individu pour son propre développement mais,
malgré tout, protège cette liberté contre la compétition qui tue, et réduit l'antagonisme entre
l'auto-développement et le développement social
à un minimum.»

«Les gens qui souhaitent réformer sans perdre la stabilité devraient (…) réaffirmer les principes et revenir aux pratiques (du Parti démocrate) qui s'est toujours positionné pour une modération mûrement réfléchie dans les affaires publiques et une utilisation prudente des pouvoirs du gouvernement fédéral dans l'intérêt de tout le peuple quelles que soient les classes sociales et les professions considérées.»

TABLE DES MATIERES